城市轨道交通工程
安全风险管理体系构建指南

住房城乡建设部工程质量安全监管司　　组织审定

北京市建设工程安全质量监督总站
北京安捷工程咨询有限公司　　组织编写
住房城乡建设部城市轨道交通工程质量安全专家委员会

中国建筑工业出版社

图书在版编目(CIP)数据

城市轨道交通工程安全风险管理体系构建指南/住房城乡建设部工程质量安全监管司组织审定．—北京：中国建筑工业出版社，2015.10

ISBN 978-7-112-18269-5

Ⅰ.①城… Ⅱ.①住… Ⅲ.①城市铁路-轨道交通-安全管理-风险管理-指南 Ⅳ.①U239.5-62

中国版本图书馆CIP数据核字（2015）第155520号

为指导和规范各城市轨道交通工程建设安全风险管理体系的建设和运行工作，为各地建立健全适宜、有效和可操作的安全风险管理体系提供普适性依据，有效推动城市轨道交通工程建设安全风险管理工作，住房城乡建设部工程质量安全监管司组织各有关单位编写了本书。

本书共分6章，分别是：概述、城市轨道交通工程安全风险管理相关法规政策与技术标准、城市轨道交通工程安全风险管理体系研究及建设现状、城市轨道交通工程安全风险管理体系建立思路与要点、城市轨道交通工程安全风险管理体系运行保障、城市轨道交通工程安全风险管理体系构建示例。

本书适用于城市轨道交通工程建设主管部门和有关企业组织开展的针对技术管理和一线操作人员的培训工作。

责任编辑：刘　江　范业庶　万　李
责任设计：李志立
责任校对：李美娜　张　颖

城市轨道交通工程安全风险管理体系构建指南

住房城乡建设部工程质量安全监管司　组织审定

北京市建设工程安全质量监督总站
北京安捷工程咨询有限公司　组织编写
住房城乡建设部城市轨道交通工程质量安全专家委员会

*

中国建筑工业出版社出版、发行（北京西郊百万庄）
各地新华书店、建筑书店经销
北京永峥有限责任公司制版
北京市密东印刷有限公司印刷

*

开本：850×1168毫米　1/16　印张：7　字数：190千字
2015年11月第一版　2015年11月第一次印刷
定价：**25.00**元

ISBN 978-7-112-18269-5
（27521）

本书编审委员会

主　　任： 王承军

副主任： 丁　胜　魏吉祥　于　增　金　淮

主　　编： 杨和平　徐耀德

副主编： 鲁　屹　孙河川　鲁　宋

编写人员： 唐四海　祝建勋　周秀普　李俊伟

廖翌棋　王辰宇　王媛媛　周　斌

刘雅丹　李　萌　汪　岩　栗光华

曾令军　朱义城　刘永勤　李　扬

何力威　张东晓　侯　桐　侯建刚

李立君　王　磊　刘延安　杨丽明

覃铭然

审　　稿： 吕培印　张大春　张海波　刘艳青

刘洪涛　韩学诠　张成满　梁　爽

张　渟　卢克冬　林　平　张先群

序

近年来，我国城市轨道交通工程建设不断提速。目前，国务院批复了39个城市的近期建设规划，总里程6300多公里，总投资额接近3.3万亿元，大部分工程将于2020年前建成。未来几年，城市轨道交通工程建设仍将保持高速发展态势。

城市轨道交通多为地下工程，地质条件和周边环境复杂，工程技术难度高，各地尤其是新开始建设轨道交通工程的城市普遍面临着经验不足，技术管理人才缺乏，一线作业人员技能欠缺等问题，亟需加强人员培训。为指导和规范地方培训工作，2015年住房城乡建设部工程质量安全监管司组织专家编纂了城市轨道交通工程质量安全风险控制系列培训手册。编审人员广泛征求意见，充实内容，数易其稿，力求完善。

本套培训手册共分四册，即：《城市轨道交通工程安全风险管理体系构建指南》、《城市轨道交通工程地质风险分析与对策》、《城市轨道交通工程常见质量问题控制指南》、《城市轨道交通工程设备安装调试作业指南》。手册注重实操性，图文并茂、案例详实。既介绍法律法规、标准规范，又分析工程实践重点和难点；既阐释专业技术知识，又剖析常见问题和薄弱环节；力求学以致用，解决实际问题。

本系列手册适用于城市轨道交通工程建设主管部门和有关企业组织开展的针对技术管理和一线操作人员的培训工作。旨在让有关人员了解质量安全风险控制的重点难点和变化规律，强化各项措施落实，提高风险控制能力，确保工程质量安全水平。

住房城乡建设部　副部长：

2015年10月

前　言

近年来，我国城市轨道交通工程建设发展迅速，建设规模、速度史无前例。城市轨道交通工程大多穿越城市中心区，且以地下工程建设为主，安全风险控制难度大，质量安全形势严峻，政府、社会和工程参建各方广为关注，开展和加强城市轨道交通工程的安全风险管理工作已成各方共识。近期，国家全面深化改革和要求政府主管部门改革创新监管机制、措施的形势对轨道交通安全质量管理又提出了新的要求，规范开展安全风险控制工作、提高安全风险管理工作效能是大势所趋。

目前，各地在城市轨道交通工程建设中积累了适合的各具特色的安全风险管理经验做法，绝大部分城市开展了安全风险管理制度文件制定或安全风险管理体系建设工作，但因建设规模、建设管理模式和工程建设安全风险管理开展程度等的不同，各地在安全风险管理组织机构、管理模式、管理内容、体系文件形式、系统性程度和运行效果等方面存在较大差异。

为指导和规范各城市轨道交通工程建设安全风险管理体系的建设和运行工作，为各地建立健全适宜、有效和可操作的安全风险管理体系提供普适性依据，有效推动城市轨道交通工程建设安全风险管理工作，住房城乡建设部工程质量安全监管司组织北京市建设工程安全质量监督总站、北京安捷工程咨询有限公司等单位，在充分调研和总结各地经验的基础上，编写了《城市轨道交通工程安全风险管理体系构建指南》这本基础性、普及性用书，希望对广大从事城市轨道交通建设的单位、工程技术人员、管理人员在理论学习和工程实践中有所启发、帮助，对城市轨道交通工程的质量安全监管、工程参建各方履职尽责起到促进作用。

在本书编写过程中得到了全国各轨道交通在建城市的政府主管部门、建设单位及有关工程参建单位、住房城乡建设部城市轨道交通工程质量安全专家委员会、上海同是工程科技有限公司等单位和许多专家学者的支持、指导和帮助，在此表示诚挚谢意！

由于时间仓促，书籍中难免存在一些疏漏，真诚希望读者提出宝贵意见。

本书编审委员会

2015 年 10 月

目　录

第1章 概　　述

1.1 体系概述

1.1.1 体系的涵义、内容与管理原则

根据相关文献资料，体系主要指管理体系或系统化的工作要求，一般包括：组织结构、策划活动（目标、过程两方面，缺一不可）、职责、惯例、程序、过程、资源等内容。

一个组织的管理体系可包括若干个不同的管理体系，目前比较成熟的有：《质量管理体系》ISO 9000/GB/T 19001—2008、《环境管理体系》ISO 14001/GB/T 24001—2004、《职业健康和安全管理体系》OHSAS 18001/ GB/T 28001—2011（QHSE 三标一体化管理体系）、《食品安全管理体系》ISO 22000 /HACCP、《信息安全管理体系》ISO 27001/BS7799 和《能源管理体系》GB/T 23331—2009 等。各行业、各生产单位根据自身生产及其产品质量安全控制的特点及需要，大多建立了适合企业自身发展的相应管理体系。目前国家、行业层面正在规划构建社会安全和生产安全隐患排查治理体系。

从体系内容构成上，一般包括目标指标体系、组织机构体系、责任体系、环境与资源保障体系、文件与工作内容体系、工作程序与过程控制体系、记录体系、考核监管体系等。

不论何种体系，其体系内容及其构成要素大同小异，具体管理要求和作业标准则因行业和产品而异。

以质量体系为例，其 ISO 9000 系列标准在国内外广为引用和认证，其体系文件的架构可分为两大系统：英国系统和德国系统，国内各企业认证审核公司分别有引用。不论是英国系统还是德国系统，其文件的内容都包括：一阶文件：质量手册（方针宣导）；二阶文件：程序文件（工作流程）；三阶或四阶文件：各种作业指导书/质量记录或表格（作业条件/记录数据）。

一般来说，质量管理体系文件的详略程度主要取决于：（1）公司的规模和活动的类型；（2）过程及相互作用和复杂程度；（3）资源配备及人员的能力等。

质量管理体系文件编写结构都基本相似，都建立在以过程为基础的质量管理体系模式上，即都是从管理职责、资源管理、产品实现、测量分析和改进四大过程展开，参见图 1.1-1。

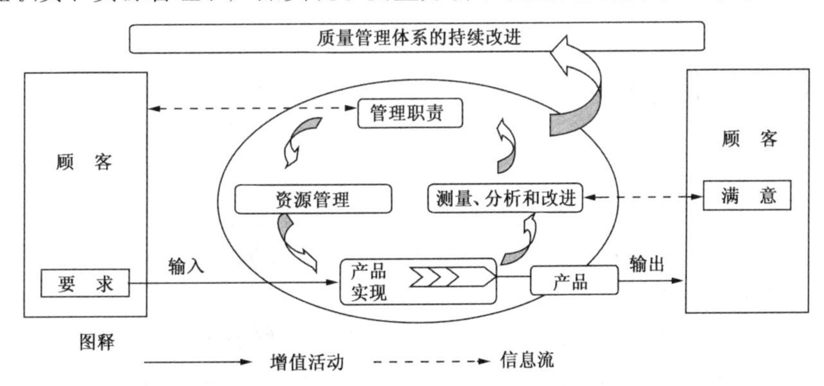

图 1.1-1　以过程为基础的质量管理体系模式

根据GB/T 19001—2008 Idt ISO 9001：2008质量管理体系的要求，质量管理体系文件应包括：

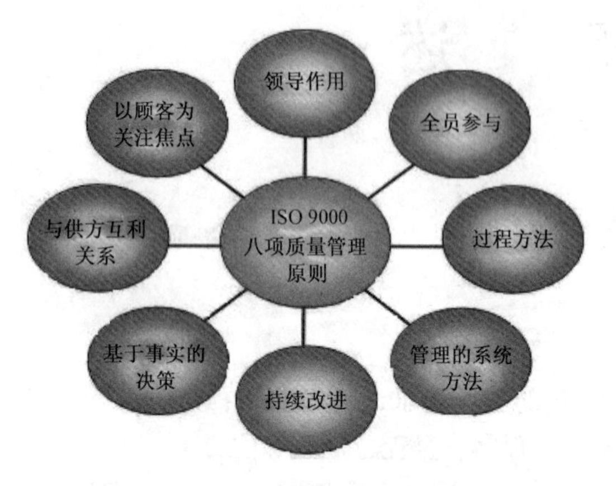

图1.1-2 ISO质量管理体系八项管理原则

（1）形成文件的质量方针和质量目标；

（2）质量手册；

（3）本标准所要求的形成文件的程序和记录；

（4）组织确定的为确保其过程有效策划、运作和控制所需的文件，包括记录。

八项质量管理原则是质量管理体系的重要基础，必须遵循，见图1.1-2。

具体要求包括：

（1）我们依存于顾客，体系的目的是达到顾客满意，以获得效益；

（2）质量管理是一把手工程，宗旨和方向从上往下传达和贯彻；

（3）质量是全员的事情，人人都是质量管理的主角；

（4）过程是输入转化成输出，以及之中有效配置资源，得到高效产出的活动；

（5）系统是管理相互关联的过程，以提高效率；

（6）充分理解和运用戴明环（PDCA），保持改进；

（7）数据和信息的分析是提供决策的基础，靠事实说话、靠数据说话；

（8）强调与供应商的合作共赢，不能只讲控制。

1.1.2 体系建立的原则、依据、方法与流程

体系建立的原则主要包括：系统性原则、事故预先控制原则、全员参与原则、行为与态度原则、持续改进原则等。

（1）系统性原则：系统性原则也称为整体性原则，它要求把决策对象视为一个系统，以系统整体目标的优化为准绳，协调系统中各分系统的相互关系，使系统完整、平衡。因此，在决策时，应该将各个小系统的特性放到大系统的整体中去权衡，以整体系统的总目标来协调各个小系统的目标。

（2）事故预先控制原则：根据伤亡事故致因理论以及大量事故原因分析结果显示，事故发生主要是由于设备或装置上缺乏安全技术措施，治理上有缺陷和教育不够三个方面原因而引起的。因此，必须从技术、教育、治理三个方面采取措施，并将三者有机结合，综合利用，才能有效地预防和控制事故的发生。

（3）全员参与原则：各级人员都是组织之本，只有充分参与，才能使他们为组织的利益发挥其才干。体系的运行是通过各级人员参与相关的所有过程实现的，过程有效性以及体系运行的有效性取决于各层次人员的意识、工作能力、写作精神和工作积极性。只有当每个人的能力、才干得到充分的发挥时，组织才会获得最大收益。一方面是员工本身应具有强烈的参与意识，发挥自己的聪明才智，尽职尽责，在工作实践中不断完善自己；另一方面，也需要组织识别其个人发展要求，将个人的愿望和组织的愿望统一起来，为其创造参与的机会，给予其充分的自主权和体现自身价值的环境。

应用全员参与原则的好处有：1）全体员工积极参与，努力工作，实现承诺；2）员工有工作责任感，感到自己的工作与组织业绩息息相关，积极参与持续改进并作出贡献。

（4）行为与态度原则：态度决定行为，行为是态度的外部表现，通过行为干预技术，改变

个体对风险的感知，确保个体发挥效果。

（5）持续改进原则：持续改进是一个组织积极寻找改进的机会，努力提高有效性和效率的重要手段，确保不断增强组织的竞争力，使顾客满意。这是组织的各级管理者的永恒目标，也是组织的一个永恒主题。

目前，各体系建立均有相应的国际标准和国家标准。以质量管理体系为例，新版系列国际标准中还包括四个核心标准：《质量管理体系　基础和术语》ISO 9000:2008；《质量管理体系　要求》ISO 9001:2008；《质量管理体系　业绩改进指南》ISO 9004:2008；《质量和（或）环境管理体系审核指南》ISO 19011:2002；国家标准则是《质量管理体系认证要求》GB/T 19001—2008。构成企业构建自身相关管理体系的主要上位法依据，但同时必须结合企业自身的产品特点和管理需求量身打造。

根据 GB/T 19001—2008 Idt ISO 9001:2008，质量管理体系建立的内容框架一般为：

前言

ISO 前言

引言

0.1　总则

0.2　过程方法

0.3　与 GB/T 19004 的关系

0.4　与其他管理体系标准的相容性

1　范围

1.1　总则

1.2　应用

2　规范性引用文件

3　术语和定义

4　质量管理体系

4.1　总要求

4.2　文件要求

5　管理职责

5.1　管理承诺

5.2　以顾客为关注焦点

5.3　质量方针

5.4　策划

5.5　职责、权限与沟通

5.6　管理评审

6　资源管理

6.1　资源提供

6.2　人力资源

6.3　基础设施

6.4　工作环境

7　产品实现

7.1　产品实现的策划

7.2　与顾客有关的过程

7.3　设计和开发

7.4　采购

7.5　生产和服务提供

7.6　监视和测量设备的控制

8　测量、分析和改进

8.1　总则

8.2　监视和测量

8.3　不合格品控制

8.4　数据分析

8.5　改进

体系建立的基本原理和方法包括：

- 控制损失，创造价值
- 融入组织管理过程
- 支持决策过程
- 应用系统、结构化的方法
- 以信息为基础
- 环境依赖
- 广泛参与、充分沟通
- 持续改进

质量管理体系建立的程序和要求一般为：

● 除质量手册需统一组织制定外，其他体系文件应按分工由归口职能部门分别制定，先提出草案，再组织审核，这样做有利于今后文件的执行。

● 质量体系文件的编制应结合本单位的质量职能分配进行。按所选择的质量体系要求，逐个展开为各项质量活动（包括直接质量活动和间接质量活动），将质量职能分配落实到各职能部门。质量活动项目和分配可采用矩阵图的形式表述，质量职能矩阵图也可作为附件附于质量手册之后。

● 为了使所编制的质量体系文件做到协调、统一，在编制前应制定"质量体系文件明细表"，将现行的质量手册（如果已编制）、企业标准、规章制度、管理办法以及记录表式收集在一起，与质量体系要素进行比较，从而确定新编、增编或修订质量体系文件项目。

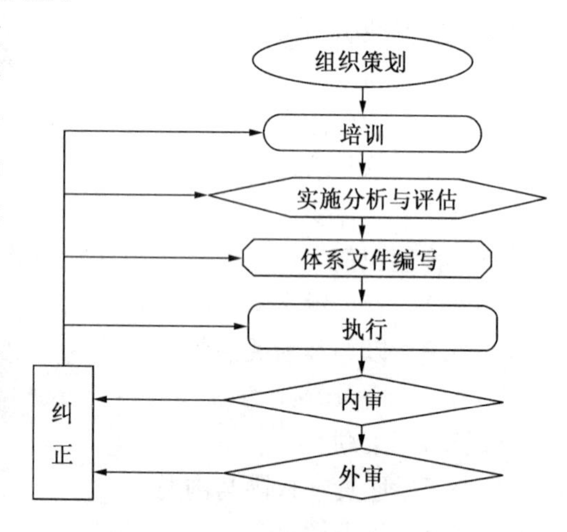

图1.1-3　ISO质量管理体系建立及管理基本程序

● 为了提高质量体系文件的编制效率，减少返工，在文件编制过程中要加强文件的层次间、文件与文件间的协调。尽管如此，一套质量好的质量体系文件也要经过自上而下和自下而上的多次反复。

● 编制质量体系文件的关键是讲求实效，不走形式。既要从总体上和原则上满足ISO 9000族标准，又要在方法上和具体做法上符合本单位的实际。

其基本建立程序如图1.1-3所示。

1.2 安全风险管理体系的定位

1.2.1 安全风险管理体系的目标

根据质量管理体系，其基本目标主要包括：(1) 人人有职责；(2) 事事有程序；(3) 作业有标准；(4) 体系有监督；(5) 不良有纠正。

城市轨道交通工程建设安全风险管理体系应遵循这一基本目标，必须建立健全安全风险管理责任体系、安全风险管理程序和安全风险管理标准体系，同期开展体系运行的监督审核工作，识别体系存在问题，不断持续改进，充分保障体系的有效性、适用性。

具体而言，根据城市轨道交通工程建设的目标、需求和安全风险管理经验，建立城市轨道交通工程建设安全风险管理体系，宏观目标是引导城市轨道交通工程安全风险管理工作不断规范化、程序化、标准化，有效推动城市轨道交通工程建设各方主体安全风险管理责任落实，有效推动城市轨道交通工程各项安全风险管理法律法规和技术标准的落实，引导城市轨道交通工程安全风险管理工作向更加深入、更加健康的方向发展。工作目的是使各工程参建单位通过树立目标、明确组织机构和责任分工、制定相关机制和制度文件、统一相关标准，有序开展工程建设各阶段安全风险管理工作，保障城市轨道交通工程建设健康持续安全发展。

1.2.2 安全风险管理体系与相关体系的区别与联系

安全风险管理体系的原理、目标、要素和内容构成源于目前通行的质量管理、职业健康安全和环境管理三标一体化体系，其管理原则、思路等应遵循这些体系的基本要求。同时，安全风险管理体系有着自身特殊的目的和需求，应有相对的专用性和特殊性。与二者区别主要在于：

(1) 面向对象不同：质量、职业健康安全和环境三标一体化管理体系为企业或项目部自身制定；安全风险管理体系是面向工程建设项目建立。

(2) 服务目的不同：质量、职业健康安全和环境三标一体化管理体系主要服务于企业内部产品的质量管理、员工的职业健康安全管理和办公生活场所的环境管理，同时服务于顾客（业主）和社会；安全风险管理体系主要立足于工程建设项目的工程安全风险管理，通过规范和加强各参建单位安全风险管理工作的联动和协同，服务和解决的是工程建设中的安全风险控制问题。

安全风险管理体系与工程建设安全质量管理体系也有着区别与联系。质量安全管理体系是安全风险管理体系的基础和依据，安全风险管理体系则是质量安全管理体系的重要组成部分和相对独立管理要求。另外，目前各企业或项目部建立的工程安全隐患排查治理体系，是日常施工安全生产管理的具体化和细化，安全风险管理体系与之相对独立且互相联系，共同构成工程建设质量安全管理体系。

第2章 城市轨道交通工程安全风险管理相关法规政策与技术标准

2.1 法律法规和规范性文件

2.1.1 国家层面

现行相关法律法规中对工程建设安全质量管理作了严格规定（如《建筑法》、《安全生产法》、《建设工程质量管理条例》、《建设工程安全生产管理条例》、《建设工程勘察设计管理条例》等），对建设工程质量安全管理内容、各主体责任等作了明确规定，但目前国家层面尚无专门针对城市轨道交通工程的相关法律法规。近十年来，有关部门出台了多部针对城市轨道交通安全质量和风险管理的政府规范性文件，见表2.1-1。

近年来对轨道交通工程安全质量和风险管理要求的政府文件一览　　表2.1-1

序　号	名　　　称
1	国务院办公厅关于加强城市快速轨道交通建设管理的通知（国办发［2003］81号）
2	关于加强地铁建设和运营安全管理工作的紧急通知（建质电［2007］21号）
3	地铁及地下工程建设风险管理指南（试行）（建质［2007］254号）
4	住房和城乡建设部关于进一步加强地铁建设安全管理工作的紧急通知（建质电［2008］118号）
5	关于加强重大工程安全质量保障措施的通知（发改投资［2009］3183号）
6	危险性较大分部分项工程安全管理办法（建质［2009］87号）
7	城市轨道交通工程安全质量管理暂行办法（建质［2010］5号）
8	城市轨道交通工程周边环境调查指南（建质［2012］56号）
9	城市轨道交通工程质量安全检查指南（试行）（建质［2012］68号）
10	城市轨道交通工程设计文件编制深度规定（建质［2013］160号
11	城市轨道交通建设工程质量安全事故应急预案管理办法（建质［2014］34号）
12	城市轨道交通建设工程验收管理暂行办法（建质［2014］42号）

其中，《关于加强重大工程安全质量保障措施的通知》（发改投资［2009］3183号）规定：

建立工程安全评估管理制度。建设单位要对工程建设过程中可能存在的重大风险进行全面评估，并将评估结论作为确定设计和施工方案的重要依据。实行工程安全风险动态分级管理，要针对重大风险编制专项方案和应急预案。

前期工作各环节都要加强风险管理。规划阶段要不断优化工程选线、选址方案，尽量避免风险较大的敏感区域。可行性研究报告要对涉及工程安全质量的重大问题进行专门分析、评价，提出应对方案。工程初步设计必须达到规定深度要求，严格执行工程建设强制性标准，提出专门的安全质量防护措施，并对施工方案提出相应要求。工程开工前要切实做好拆迁和安置工作，减少工程安全质量隐患，为项目顺利实施创造良好外部环境。

切实加强工程建设全过程安全质量管理。

建设单位要全面负起管理职责。建设单位是项目实施管理总牵头单位，要根据事前确定的设计、施工方案，组织设计、施工、监理等单位加强安全质量管理，确保工程安全质量。要认真执行工程的安全设施与主体工程同时设计、同时施工、同时投入生产和使用的有关规定。要定期和不定期地对安全质量管理体系运行情况，勘察设计单位、施工单位和监理单位落实安全质量责任情况进行检查。

加强设计服务，降低工程风险。设计单位要加强项目实施过程中的驻场设计服务，了解现场施工情况，对施工单位发现的设计错误、遗漏或对设计文件的疑问，要及时予以解决，同时对施工安全提出具体要求和措施。要根据项目进展情况，不断优化设计方案，降低工程风险。

加强施工管理，切实保障工程安全质量。施工单位要按照设计图纸和技术标准进行施工，严格执行有关安全质量的要求，认真落实设计方案中提出的专门安全质量防护措施，对列入建设工程概算的安全生产费用，不得挪作他用；要加强对施工风险点的监测管理，根据标准规程，科学编制监控量测方案，合理布置监测点。

加强工程监理，减少安全质量隐患。监理单位应认真审查施工组织设计中的安全技术措施，确保专项施工方案符合工程建设强制性标准。要发挥现场监理作用，确保施工的关键部位、关键环节、关键工序监理到位。落实安全监理巡查责任，履行对重大安全隐患和事故的督促整改和报告责任。

建立施工实时监测和工程远程监控制度。建设单位应委托独立的第三方监测单位，对工程进展和周边地质变形情况等进行监测、分析，并及时采取防范措施。建立工程远程监控网络系统，接收并及时分析处理施工现场信息，强化工程安全质量的信息化管理。

《城市轨道交通工程安全质量管理暂行办法》（建质［2010］5号）是首部针对城市轨道交通工程建设安全质量管理的规范性文件，其主要以两法三条例为上位法，结合城市轨道交通工程特点和既有管理经验，对工程建设相关各方（建设、勘察设计、施工、监理、监测等主体）的安全质量责任权利等进行了固化和强化，主要规定了周边环境保护、安全风险评估与管理、第三方监测、工期及造价控制、专项工作及专家论证、关键节点条件验收、应急管理七项关键制度，涉及安全风险管理的条款主要有：

第三条 从事城市轨道交通工程建设活动必须坚持先勘察、后设计、再施工的原则，严格执行基本建设程序，保证各阶段合理的工期和造价，加强全过程安全质量风险管理。

第五条 建设单位对工程项目管理负总责。建设单位必须建立健全安全质量责任制和管理制度，设置安全质量管理机构，配备与建设规模相适应的安全质量管理人员，对勘察、设计、施工、监理、监测等单位进行安全质量履约管理。

第六条 建设单位应当在初步设计阶段组织开展城市轨道交通工程安全质量风险评估（含建设工期、造价对工程安全质量影响性评估）并组织专家论证，同时按照有关规定组织专家进行抗震、抗风等专项论证。建设单位在报送初步设计文件审查时，应当提交经专家论证的安全质量风险评估报告。

第八条 工程周边环境严重影响工程实施或因工程施工可能造成其严重损害的，建设单位应当在确定线路规划方案时尽可能予以避让。无法避让且因条件所限不能进行拆除、迁移的，建设单位应当根据设计要求和工程实际，组织开展现状评估，并将现状评估报告提供给设计、施工、监理、监测等单位。

第十一条　建设单位应当及时组织勘察单位向设计单位进行勘察文件交底，在施工前组织勘察、设计单位向施工、监理、监测等单位进行勘察、设计文件交底。勘察、设计文件交底应当重点说明勘察、设计文件中涉及工程安全质量的内容，并形成文字记录，由各方签字并盖章。

第十三条　建设单位在编制工程概算时，应当包括安全质量风险评估费、工程监测费、工程周边环境调查费及现状评估费等保障工程安全质量所需的费用。

第二十三条　勘察单位提交的勘察文件应当真实、准确、可靠，符合国家规定的勘察深度要求，满足设计、施工的需要，并结合工程特点明确说明地质条件可能造成的工程风险，必要时针对特殊地质条件提出专项勘察建议。

第二十四条　设计单位提交的设计文件应当符合国家规定的设计深度要求，并应根据工程周边环境的现状评估报告提出设计处理措施，必要时进行专项设计。设计文件中应当注明涉及工程安全质量的重点部位和环节，并提出保障工程安全质量的设计处理措施。施工图设计应当包括工程及其周边环境的监测要求和监测控制标准等内容。

第二十五条　设计单位应当对安全质量风险评估确定的高风险工程的设计方案、工程周边环境的监测控制标准等组织专家论证。

第三十六条　施工单位应当对工程周边环境进行核查。工程周边环境现状与建设单位提供的资料不一致的，建设单位应当组织有关单位及时补充完善。

第三十七条　施工单位应当按照有关规定对危险性较大分部分项工程（含可能对工程周边环境造成严重损害的分部分项工程，下同）编制专项施工方案。对超过一定规模的危险性较大分部分项工程专项施工方案应当组织专家论证。

第四十条　施工单位应当对工程支护结构、围岩以及工程周边环境等进行施工监测、安全巡视和综合分析，及时向设计、监理单位反馈监测数据和巡视信息。发现异常时，及时通知建设、设计、监理等单位，并采取应对措施。

第六十二条　监测单位应当根据勘察设计文件、安全质量风险评估报告、监测合同及有关资料编制第三方监测方案，经专家论证并经监测单位主要负责人签字后实施。监测单位应当按照第三方监测方案开展监测和巡视工作，及时向建设、监理、设计单位提供监测报告。发现异常时，立即向建设单位反馈。

第七十条　鼓励建设、施工等单位参加工程保险，采用现代化信息技术加强施工现场监控管理，提高风险防范能力。

《城市轨道交通工程周边环境调查指南》（建质［2012］56号）是《城市轨道交通工程安全质量管理暂行办法》（建质［2010］5号）的配套性支持文件，对周边环境调查的阶段、目的、内容、对象、方法、成果和相关管理要求进行了规定，如：

建设单位负责组织工程周边环境调查工作，并在工程概算中确定工程周边环境调查费用。建设单位可以委托相关单位开展工程周边环境调查工作。

建设单位应组织设计单位研究提出工程周边环境调查的技术要求，明确调查的范围、对象、内容及成果要求等，并向受委托从事工程周边环境调查的单位（以下简称调查单位）进行技术交底。

建设单位应组织对工程周边环境调查报告进行验收，并按合同要求及时提供给勘察、设计、施工等单位。

勘察、设计、施工单位应对工程周边环境进行核查。工程周边环境实际状况与建设单位提供的资料不一致或工程周边环境调查资料不能满足勘察、设计、施工需要的，建设单位应组织补充完善。

《城市轨道交通工程质量安全检查指南（试行）》（建质［2012］68号）是国内首部针对城

市轨道交通工程和全面覆盖（安全+质量；政府监管+建设总督+企业自律等）的安全质量检查指南手册，该指南指导了2011年全国城市轨道交通工程质量安全督查工作，发挥作用明显。涉及的安全风险管理相关内容主要有：

建设单位：是否组织开展周边环境调查与评估，是否、委托开展专项勘察和专项设计，是否开展或有效实施安全质量风险评估、风险分级管理、风险应对措施、建立健全安全质量风险管理体系、风险控制指标体系和风险工程档案等，是否委托有资质的第三方单位开展第三方监测，是否编制工程安全质量事故应急预案并经专家论证，是否制定预警响应管理办法，是否建立预警响应机制、预警指标，是否保证及时预警响应等。

勘察单位：是否收集并认真分析、利用区域地质资料、地下管线资料及周边环境资料，勘察手段是否合理，勘探点布置是否与工点类型、构筑物形式、施工工法结合，是否按照强制审查意见进行修改完善等。

设计单位：是否对周边环境资料进行现场核查；是否对周边建（构）筑物、地下结构、管线等采取保护性措施，保护性措施是否完整；是否对高风险工程是否进行专项设计，专项设计内容是否全面；是否对高风险工程专项设计方案、高风险工程周边环境监测项目及其控制标准进行专家论证；是否执行设计交底制度和重点说明设计文件中涉及工程安全质量的内容。

监理单位：监理规划和监理实施细则是否具有针对性和可操作性，监理规划、监理实施细则中的安全、质量风险控制内容是否全面，监理实施细则是否明确主要风险源、重点工序/环节控制点、关键部位及其控制措施或旁站要求；是否审查施工项目部工程质量、施工安全保证体系（含应急预案）；是否参加勘察设计、工程周边环境交底，或设计图纸会审、各种专家论证审查会；是否按要求审核施工组织设计中的安全质量技术措施、专项施工方案、毗邻建（构）筑物和地下管线专项保护方案、测量和监测方案、应急救援预案、质量缺陷与质量通病防治处理方案和安全防护措施费使用计划；是否组织或参加深基坑、高大模板工程、脚手架工程、建筑起重机械安装、盾构进出洞、下穿既有地铁线、联络通道施工及其他危险性较大的关键节点施工前验收；对涉及结构安全和使用功能的分部工程，是否督促施工单位按规定抽样检测。

施工单位：是否建立安全生产责任制和安全生产奖惩制度，是否制定安全技术措施，是否编制专项施工方案并组织专家论证，是否进行主要风险源辨识、登记、公示，是否进行安全技术交底和施工班组、作业人员交底，是否对各分部分项工程进行安全技术交底，是否开展危险性较大的关键节点施工前安全条件验收，是否核查工程周边环境现状，是否对施工影响范围内的重要建（构）筑物、管线采取专项防护措施，是否与在同一场所作业的其他施工单位签订安全管理协议，或是否明确双方安全管理人员，是否制定安全生产事故应急救援总体预案或主要事故的专项预案、有效组织预案演练和按要求配备应急救援物资、设备等应急资源。

2.1.2 地方层面

目前，全国有多个城市针对城市轨道交通工程专门制定了地方法规或规章制度，见表2.1-2。

轨道交通建设主要地方性法规一览表　　表2.1-2

序号	名称
1	南京市轨道交通管理条例（南京市人民代表大会常务委员会公告第6号2008年）
2	广州市城市轨道交通管理条例（广州市第十三届人民代表大会常务委员会公告第18号2008年）
3	西安市城市轨道交通管理条例（西安市人民代表大会常务委员会公告第75号2011年）
4	重庆市城市轨道交通管理办法（重庆市人民代表大会常务委员会公告第176号2011年）

续表

序　号	名　　　　称
5	天津市轨道交通管理规定（津政令第101号2006年，市人民政府第70次常务会议通过）
6	沈阳市城市轨道交通建设管理办法（沈阳市人民政府令 第2号2008年）
7	深圳市地下铁道建设管理暂行规定（深圳市人民政府令第101号2001年）
8	上海市轨道交通管理条例（上海市人民代表大会常务委员会公告 第5号2013年）

上述各地方法规主要规定了城市轨道交通的规划和建设管理、地铁保护区管理、运营管理和应急处理等内容，部分地方法规规定的建设安全管理及责任、工程监测、风险评估等制度：

广州规定：（第九条）城市轨道交通工程建设应当遵守有关建设安全管理的法律、法规，符合技术标准和规范的要求，建立并执行建设过程动态安全监测制度。

西安规定：（第十三条）城市轨道交通工程建设实行安全质量管理责任制。建设单位必须建立安全质量管理制度，设置专门的安全质量管理机构，对勘察、设计、施工、监理、监测等单位实施安全质量履约管理。

南京规定：（第十三条）轨道交通工程建设项目的勘察、设计、施工、监理等，应当遵守法律、法规，执行相关技术标准，并且符合保护周围的建筑物、构筑物以及其他相关设施的规定。

重庆规定：（第十三条）轨道交通建设单位负责组织实施轨道交通工程建设。承担轨道交通勘察、设计、施工、监理、施工图审查、监测、质量检测等工作的单位应当具备相应资质，按照各自职责，依法承担质量、安全等相应责任。（第十五条）轨道交通工程初步设计阶段，建设单位应当组织开展安全质量风险评估并组织专家论证。建设单位报送初步设计审查时，应当提交经专家论证的风险评估报告。（第十六条）轨道交通工程建设实行第三方监测制度，建设单位应当委托工程监测单位和质量检测单位进行第三方监测和质量检测。建设单位应当根据监测情况采取措施，保证工程安全。

上海规定：（第十条）轨道交通项目的建设应当采取措施，防止和减少对上方和周围已有建筑物、构筑物的影响，保障其安全。

沈阳规定：（第二十二条）轨道交通建设使用地下空间，应当按国家有关规定进行建设和管理，并采取必要措施防止和减少对地上周围已有建筑物、构筑物的损失和影响，保证其安全。

从地方法规层面来看，针对系统的安全风险管理的内容和要求不多。

另外，各地主管部门陆续出台了较多的针对安全风险管理的地方性规范文件。以北京为例，近几年颁布了《关于北京市轨道交通工程建设实施现场视频监控、门禁智能监控和量测监控的通知》（京建质［2009］91号）、《关于进一步加强施工现场监控的通知》（京轨建安字［2009］30号）、《北京市建设委员会关于加强北京市轨道交通工程施工安全质量管理意见》的通知（京建施［2009］140号）、《北京市轨道交通建设工程重要部位和环节施工前条件验收暂行管理办法》（京建发［2009］746号）、《北京市住房和城乡建设管理委员会关于印发〈关于加强盾构机安全使用管理的规定〉的通知》（京建法［2009］4号）、《关于防范暗挖施工造成城区道路坍塌的实施意见》（京建发［2013］288号）等。

上海市轨道交通主管部门发布的《上海市人民政府关于进一步加强本市轨道交通管理的意见》（沪府发［2012］38号），在第三部分内容中关于落实进一步加强本市轨道交通管理的措施的章节，第二部分规范工程建设中有相关要求：建立施工阶段安全评估机制，开展专项安全评估，及时发现并有效排除安全隐患。

苏州市轨道交通主管部门发布了《关于加强轨道交通工程关键工序节点验收工作的通知》（苏建质［2008］58号）、《关于进一步加强轨道交通工程盾构进出洞作业风险控制的通知》（苏建质［2008］51号）、《关于吸取杭州地铁事故教训加强我市轨道交通工程基坑施工安全工作的通知》（苏建安监［2008］16号）等。

重庆市轨道交通主管部门发布了关于印发《重庆市轨道交通第三方监测管理暂行办法》的通知（渝建发［2014］21号）。

南宁市轨道交通主管部门发布了《南宁市城市轨道交通建设工程验收管理办法（试行）》（南建质安［2014］59号）、《南宁市城乡建设委员会关于加强南宁市轨道交通工程建设关键节点施工前条件验收的通知（试行）［2013］》等。

2.2 技术标准规范

2.2.1 国家标准

截至目前，针对城市轨道交通工程的标准规范基本健全，涉及安全风险管理相关内容的标准规范见表2.2-1。

针对城市轨道交通工程的标准规范一览表　　表2.2-1

序号	名称	编号	备注
1	城市轨道交通地下工程建设风险管理规范	GB 50652—2011	新制订
2	城市轨道交通建设项目管理规范	GB 50722—2011	新制订
4	地铁工程施工安全评价标准	GB 50715—2011	新制订
5	地铁工程设计规范	GB 50157—2013	修订
6	城市轨道交通工程监测技术规范	GB 50911—2013	新制订
7	风险管理 术语	GB/T 23694—2009	
8	风险管理 原则与实施指南	GB/T 24353—2009	
9	标准化工作指南　第4部分：标准中涉及安全的内容	GB/T 20000.4—2003	

其中，《城市轨道交通地下工程建设风险管理规范》GB 50652—2011是国内首部针对城市轨道交通工程建设的风险管理规范，是当前城市轨道交通工程风险管理工作的主要依据。主要规定了：风险管理的原则、程序、内容与方法，风险等级标准及判据，工程建设全过程和各阶段环节（包括规划、可研、勘察与设计［总体、初设、施工图］、招标投标与合同签订、施工［施工准备期、施工期，土建、车辆及机电系统安装与调试、试运行和竣工验收］）的风险管理内容、工作要点和形成成果等。主要条款有：

1.0.3　城市轨道交通地下工程建设风险管理，必须遵循节能、节地、保护环境和可持续发展的基本方针。

1.0.4　城市轨道交通地下工程风险管理，应从规划、可行性研究、勘察设计、施工甚至竣工验收并交付使用，实施全过程的建设风险管理。

9.1.2 城市轨道交通地下工程施工必须实施动态风险管理，利用现场监测数据和风险记录，实现施工风险动态跟踪与控制。

3.1.1 城市轨道交通地下工程建设应保障人员安全，减少对周边环境影响，将建设风险造成的各种不利影响、破坏和损失降低到合理、可接受的水平。

3.1.4 工程建设风险管理应由建设单位负责组织和实施，并以合同约定建设各方的风险管理责任。

3.1.7 城市轨道交通建设项目涉及业主、建设单位、监理单位、勘察设计单位、施工单位和供应商等建设各方，应加强工程建设风险管理实施中的风险沟通与交流，实行风险登记与检查制度，编制风险记录文件。

3.1.8 工程建设风险管理各阶段编制完成的风险管理文件，应作为后续阶段实施风险管理的基础依据。

3.2.4 工程建设风险等级标准应按风险发生可能性及其损失进行划分。

3.5.1 城市轨道交通地下工程建设风险控制必须坚持“安全第一、保护环境、预防为主”的原则，采取经济、可行、主动的处置措施来减少或降低风险。

4.1.1 城市轨道交通地下工程建设风险管理应根据工程建设阶段、规模、重要性程度及建设风险管理目标等制定风险等级标准。

5.1.2 规划阶段安全风险管理应完成下列工作：编制工程建设风险识别清单；分析工程建设（包括运营阶段）中潜在的重大风险（Ⅰ级和Ⅱ级风险）因素；评估多种规划方案的建设风险；提出风险处置方案；编写工程建设风险评估报告，给出风险清单、不同规划方案进行对比，并应提出重大建设风险的处置措施。

6.1.2 可研阶段安全风险管理应完成下列工作：城市轨道交通地下工程现场风险调查；工程可行性方案风险分析评估，重大关键节点工程进行专项风险评估；重要、特殊的地下工程结构设计和施工方法的适用性风险分析；施工及运营期环境影响风险分析；可行性方案风险综合比选与方案优化，确定推荐方案；提出降低可行性方案风险的处置措施，包括工程保险建议方案；编制风险评估报告，并通过专家评审。

勘察阶段安全风险管理应完成下列工作：工程潜在风险辨识，编制风险记录表；勘察成果审查；对勘察成果进行地质评价。

总体设计阶段安全风险管理应完成下列工作：专项风险评估；评估地下工程自身的风险等级；评估周边环境影响的风险等级；对重大风险编制风险处置措施与应急技术处置方案；编制风险记录文件；车辆、机电设备及系统选型与配置。

7.4.2 初步设计阶段安全风险管理应完成下列工作：编制工程建设风险清单，对全线地下工程的风险进行风险分级评估；对工程自身风险进行风险评估；重大风险编制风险应急方案；专题风险评估；专家论证；编制风险记录文件；车辆、机电设备及系统选型与配置。

7.5.3 施工图设计阶段安全风险管理应完成下列工作：对环境风险因素进行现状调查、监测、评估；结合施工图设计方案再次进行建设风险辨识，编制风险清单；对重大环境影响风险开展工程建设风险专项设计；关键工序或难点进行专项风险评估；编制施工注意事项说明及事故应对技术处置方案；编制风险记录文件。

9.2.3 施工准备期安全风险管理应完成下列工作：征地、拆迁、管线切改、交通疏解及场地准备等风险分析；场地地质条件风险分析；临近建（构）筑物（包括建筑物、管线、道路、既有轨道交通等）的影响风险分析；工程建设工期及进度安排风险分析；工程施工组织设计及技术方案可行性风险分析；施工监测布置及监测预警标准风险分析；现场风险管理制度及组织的建立；现场施工安全防范措施及抢险物资储备；设计方应配合开展施工图设计风险交底，应根据现场施工反馈信息，对施工图实际风险进行动态管理；制定风险管理计划；编制施工风险管理实施说明书；建立风险管理实施说明书；建立风险管理工作制度；根据工程前期阶段已有的风险管理成果，制定风险处置措施；对重大风险进行施工专项风险评估，并制定应急预案。

9.3.2 施工期安全风险管理应完成下列工作：施工中的风险辨识和评估；编制现场施工风险评估报告，并以正式文件发送给工程建设各方，经各方交流后形成现场风险管理实施文件记录；施工对邻近建（构）筑物影响风险分析；施工风险管理动态跟踪管理；施工风险预警预报；施工风险通告；现场重大事故上报及处置；设备系统安装与调试。

9.3.4 设计方在施工期负责方案交底和风险管理监督，其安全风险管理工作有：对重大工程进行工程设计交底；对周边重要环境影响区进行风险影响分级，共同参与周边环境保护措施；制定工程重大风险预警控制指标，明确现场监控检测要求；参与制定施工注意事项及事故应急技术处置方案；配合施工进度进行重大风险沟通与交流；参与建设单位风险管理，检查现场施工注意事项落实情况；指导审查施工单位风险管理方案、处置措施与应急预案；协调实施现场施工风险跟踪管理。

9.3.5 施工单位在施工期负责现场风险管理的执行和落实，其安全风险管理工作有：建立工程施工风险实施细则；Ⅲ级以上风险确定工程预警监控指标及标准；Ⅱ级以上风险事故编制风险处置预案；进行施工风险交底，制定工程建设风险管理培训计划；完成施工风险动态评估，分析梳理Ⅱ级及以上风险，提交重大工程风险动态评估报告；向工程建设各方通告现场施工风险状况；工程设计、施工方案如有重大变更，应根据变更情况对工程建设风险进行重新分析与评估；因建设风险处置措施的实施而发生的费用增加或工期延长，应经过建设单位批准后方可实施；对与公司有关的事故、意外或缺陷等进行风险记录；必须做到施工安全措施费用专款专用。

9.3.6 监理单位在施工期负责施工现场风险管理执行与督查，其安全风险管理工作有：将建设风险管理纳入日常监理工作；确保现场监理人员及时到位；评估施工单位风险管理实施情况；协助建设单位对工程质量、安全和进度进行风险检查；评估监理工作内容不全或失察风险；对施工重大风险，应在施工前检查施工单位风险预防措施，并应进行旁站监理，做好监理现场记录；对施工单位存在的风险或违反风险管理规定的行为，监理单位有责任向施工单位提出警告，不听劝阻或情节严重的，监理单位有权利予以停工处置，并及时上报建设单位；对施工现场监测和第三方监测进行监理。

9.3.7 第三方监测单位在施工期负责现场监测工作和风险预警，其安全风险管理工作有：制定合理的监测方案，并对监测方案进行风险评估；评估监测点布置不当、监测点或监测设备损坏风险；对监测数据的准确性和可靠性进行风险分析；应将风险管理纳入日常监测数据分析，及时提交施工风险预警、预报信息。

9.4 车辆及机电系统安装于调试风险管理主要的安全风险管理工作有：车辆及机电设备系统安装与调试；试运行中统一指挥调度轨行区的设备系统安装调试风险分析；系统联调及并网运营风险分析；不同期建设线路或多条线路联合调试协调；复杂跨线工程建设风险专项分析；编制系统安装与调试风险控制应急预案；轨道、供电、接触网、信号、通信、车辆、屏蔽门及调度指挥等各系统专项风险评估，编写风险记录文件；提供试运行风险评估报告。

《城市轨道交通建设项目管理规范》GB 50722—2011 专门设有建设风险管理一章，主要条款有：

15.1.1 城市轨道交通建设应根据工程特点和要求实施工程建设风险管理，将项目中的各类建设风险或事故造成的不利影响、破坏和损失降低至合理、可接受的水平，减少人员伤亡和对周边环境造成的影响破坏。

15.1.2　工程建设风险管理工作应由建设单位负责组织，各参建单位应承担现行相关法律、法规规定的和合同约定的风险管理实施责任。

15.1.4　城市轨道交通建设项目建设风险管理应实施风险动态管理，将风险动态管理与控制贯穿城市轨道交通建设项目建设管理的全过程。

15.2.1　建设管理单位应组织对建设项目风险进行评估、分类并确定等级。

15.2.4　建设管理单位应牵头各参建单位建立项目工程风险管理体系，加强工程建设风险管理各方、各阶段的沟通与协调，实行风险登记与检查制度，并应编制风险记录和管理文件。

15.2.5　工程建设各参建单位应建立自身的安全风险管理体系，明确相关的组织机构和管理人员，确保各建设阶段安全风险管理工作的有效开展。

15.2.6　针对轨道交通工程不同的建设内容与实施过程，应采取经济、可行、主动的处置措施来规避、转移、降低或减少风险。

15.3.1　建设管理单位应对项目风险管理进行统一规划，单独列出工程建设风险管理费用，必须做到风险处置措施费专款专用。风险管理费用可根据各参建单位风险管理职责分工，进一步分解到各参建单位。

15.3.2　建设管理单位应组织相关参建单位采用现场踏勘、技术勘测、资料收集等手段掌握工程及其周边的自然灾害、区域不良工程地质与水文地质条件情况，采取有效措施规避或控制风险。

15.3.3　建设管理单位应组织相关参建单位对自然环境、邻近建（构）筑物和其他工程的影响风险进行分析，采取必要的环境保护措施，控制环境影响风险。

15.3.4　施工单位应在其他相关参建单位配合下采用与工程地质、水文地质及周边环境、结构形式等条件相适应，工艺成熟、安全可靠、经济合理、技术可行、风险可接受的施工方法。

15.3.5　建设管理单位应重点组织对重大关键性节点工程、采用新技术、新材料、新工艺、新型车辆、新设备系统工程及复杂难点单项工程进行建设风险分析，并应针对建设中的关键工序或难点进行专项建设风险论证与评估。机电系统的安装与调试应编制建设风险控制应急预案。

15.3.6　施工单位必须组织对重大建设风险实施专项风险论证，履行必要的审查和专家论证程序后方可进行施工。对Ⅱ级及以上建设风险应编制事故应急处置预案，并建立工程施工预警监测系统，对Ⅲ级以上建设风险应制定工程施工预警监测指标及标准，实行施工风险动态跟踪管理，并制定风险处置措施。

15.3.7　工程设计、施工方案或机电设备系统的技术规格、验收标准有重大变更时，应根据变更情况对工程建设风险进行重新分析与评估。

15.3.8　对系统试运行联合调试应进行风险分析，并应对轨道、供电、接触网、信号、通信、车辆、屏蔽门及调度指挥等各系统进行专项风险分析评估，编写风险记录文件。

15.3.9　在城市轨道交通工程建设风险管理中应发挥设计咨询单位、工程监理、第三方监测和工程保险单位的作用，对风险管理措施和可能出现的风险因素进行监督与监控，及时准确判断工程风险。

15.3.10　建设单位应监督督促工程各参建单位开展和加强建设风险管理培训，提高施工管理人员和一线施工人员的风险防范意识。

15.4.2　城市轨道交通工程施工前，施工、监理单位等相关参建单位应针对Ⅱ级以上建设风险联合编制专项控制方案和应急预案，履行必要的审查和专家论证程序后方可开工建设。

15.4.3　政府主管部门应组织针对Ⅰ级风险的应急演练。

15.4.4　建设管理部门是工程建设事故抢险救援的组织主体，应建立抢险救援领导责任体系和抢险物资保障体系。施工单位是工程建设事故抢险救援的实施主体，应在建设管理单位、工程监理单位的领导下开展抢险救援工作。

《城市轨道交通工程安全控制技术规范》GB/T 50839—2013 主要规定了：

1.0.3 城市轨道交通工程安全控制必须贯穿工程建设的全过程，并应保持和持续改进安全控制工作的有效性。

3.0.1 参与城市轨道交通工程建设的各方应建立安全控制体系，并应实施、保持和持续改进。

3.0.2 参与城市轨道交通工程建设的各方应把保障安全作为首要目标，并应合理分配资源，实现系统的安全性、可靠性、可用性和可维护性目标。

3.0.3 参与城市轨道交通工程建设的各方应采取措施使其工作人员理解与他们工作相关的安全风险，同时应监督其行为，并应采取措施实现工作人员相互之间以及与其他单位和个人的有效性合作，共同控制安全风险。

3.0.10 城市轨道交通工程建设各阶段的安全控制要求：

可行性研究阶段：安全策划；初步的危害识别，建立初步危害清单。

初步设计阶段：制定初步安全计划；确定风险容许准则；进行初步风险分析，建立项目级危害登记册；进行初步设计安全原则及规范要求的符合性评估；确定子系统安全控制要求。

详细设计阶段：更新安全计划；制定各子系统安全计划；进行详细风险分析，建立承包商级危害登记册；进行设计安全原则及规范要求的符合性评估；进行各子系统安全需求分析；审核各子系统安全计划；审核详细风险分析结果；审核设计安全原则及规范要求的符合性评估；审核各子系统安全需求分析结果。

车辆与机电设备制造阶段：提出安全验证计划；审核安全验证计划；验证、落实安全控制措施

施工、调试、验收阶段：验证系统的安全性；子系统安全控制工作总结，编制子系统安全控制报告；整合承包商安全控制工作信息，总结建设期安全控制工作，编制建设期安全控制报告；安全控制工作成果移交。

《城市轨道交通工程监测技术规范》GB 50911—2013 是国内首部针对城市轨道交通工程监测的规范，也涉及安全风险管理管理相关条文，主要有：

1.0.3 城市轨道交通工程监测应编制合理的监测方案，精心组织和实施监测，为动态设计、信息化施工或安全运营及时提供准确、可靠的监测成果。

3.1.2 城市轨道交通地下工程在施工单位监测的同时，建设单位应委托有资质的单位实施第三方监测，第三方监测单位应根据委托内容及要求开展监测工作。

3.1.5 工程监测方案编制前应收集并分析水文气象资料、岩土工程勘察报告、周边环境调查报告、安全风险评估报告、设计文件及施工方案等相关资料，并进行现场踏勘。

3.1.6 工程监测方案应根据工程的施工特点，分析研究工程风险及影响工程安全的关键部位和关键工序，有针对性地编制。监测方案宜包括下列内容：

1 工程概况；

2 建设场地地质条件、周边环境条件及工程风险特点；

3 监测目的和依据；

4 监测范围和工程监测等级；

5 监测对象及项目；

6 基准点、监测点的布设方法与保护要求，监测点布置图；

7 监测方法和精度；

8 监测频率；

9　监测控制值、预警等级、预警标准及异常情况下的监测措施；

10　监测信息的采集、分析和处理要求；

11　监测信息反馈制度；

12　监测仪器设备、元器件及人员的配备；

13　质量管理、安全管理及其他管理制度。

《地铁工程施工安全评价标准》GB 50715—2011 主要对参与地铁施工的参建各方的五方面进行了规定，总体内容包括：

（1）安全组织管理

（2）不同施工方法的安全技术管理

（3）周边环境安全管理

（4）安全风险监控与预警管理

（5）安全总体管理水平检查与评价

《风险管理 原则与实施指南》GB/T 24353—2009 是完全参考 ISO_FDIS_31000（2009）Risk management—Principles and guidelines（风险管理—原则与实施指导准则）编制而成的，提供了风险管理的原则和实施通用指南。其中包括：

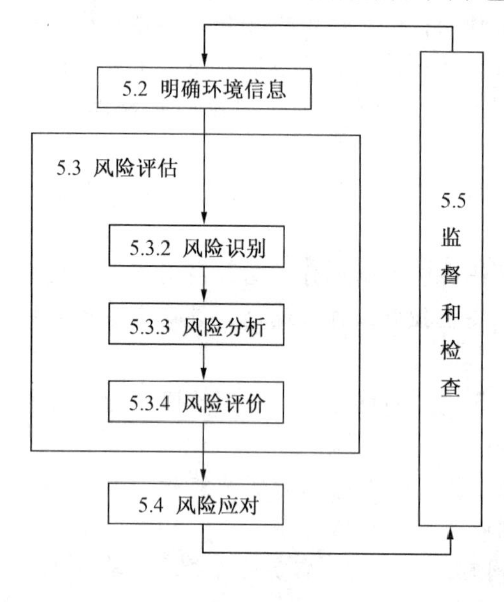

图 2.2-1　GB/T 24353—2009 规定的风险管理内容与过程

为有效管理风险，组织在实施风险管理时，可遵循下列原则：控制损失，创造价值；融入组织管理过程；支持决策过程；应用系统的、结构化的方法；以信息为基础；环境依赖；广泛参与、充分沟通；持续改进。

风险管理过程是组织管理的有机组成部分，嵌入在组织文化和实践当中，贯穿于组织的经营过程。风险管理包括明确环境信息（包括风险准则）、风险评估、风险应对、监督和检查，如图 2.2-1 所示。其中，风险评估包括风险识别、风险分析和风险评价三个步骤。

其中，确定风险准则时要考虑以下因素：

（1）可能发生的后果的性质、类型以及后果的度量；

（2）可能性的度量；

（3）可能性和后果的时限；

（4）风险的度量方法；

（5）风险等级的确定；

（6）利益相关者可接受的风险或可容许的风险等级；

（7）多种风险的组合的影响。

2.2.2　行业标准

目前，针对城市轨道交通安全质量或风险管理的标准规范主要来自国家安监总局系统颁发的几部行业标准，见表 2.2-2。

表中两个行业标准（即《城市轨道交通安全预评价细则》AQ 8004—2007 和《城市轨道交通安全验收评价细则》AQ 8005—2007）是一种符合性评价。即分别针对可研阶段和施工竣工期，利用安全检查表等评价方法，检查各类安全生产相关证照是否齐全，审查、确认主体工程建设是否满足安全生产法律、标准、行政规章、规范的要求，检查安全设施、设备、装置是否已与主体工程同时设计、同时施工、同时投入生产和使用，检查安全生产管理措施是否到位、安全生产规章制度是否健全、是否建立了事故应急救援预案等，并提出安全对策措施建议，重点评价各系统运行后存在的危险、有害因素及其危险危害程度；明确给出评价对象是否具备安全验收的条件；对达不到安全验收要求的评价对象明确提出整改措施建议。

针对城市轨道交通工程的行业标准规范一览表　　表2.2-2

序　号	名　　称	编　　号	备　注
1	城市轨道交通安全预评价细则	AQ 8004—2007	
2	城市轨道交通安全验收评价细则	AQ 8005—2007	

2.2.3 地方标准

目前，国内少部分城市出台了针对城市轨道交通安全质量或风险管理的标准规范，主要围绕城市轨道交通工程监测、环境风险控制、风险评估与设计等方面展开，见表2.2-3。

针对城市轨道交通工程的行业标准规范一览表　　表2.2-3

序　号	名　　称	编　　号	备　注
1	地铁工程监控量测技术规程	DB 11/409—2007	北京
2	穿越既有交通基础设施工程技术要求	DB 11/T 716—2010	
3	穿越城市轨道交通设施检测评估及监测技术规范	DB 11/T 915—2012	
4	城市轨道交通工程设计规范	DB 11/995—2013	
5	城市轨道交通土建工程设计安全风险评估规范	DB 11/1067—2014	
6	基坑工程施工监测规程	DG/TJ 08—2001—2006	上海
7	基坑工程设计规程	DBJ 08—61—97	
8	上海地铁基坑工程施工规程	SZ—08—2000	
9	深圳市轨道交通工程周边环境调查导则	DB SJG 23—2012	深圳
10	天津市地下铁道基坑工程施工技术规程	DB 29—143—2010	天津
11	天津市地下铁道暗挖法隧道工程施工技术规程	DB /T 29—146—2010	

以北京为例，《穿越城市轨道交通设施检测评估及监测技术规范》DB11/T 915—2012主要规定了建设工程穿越城市轨道交通控制保护区的轨道交通设施的工前检测评价、安全评估、检测监测、后评估的内容、程序、方法和监管要求等，对穿越城市轨道交通设施的专项设计、施工、监测等提出了技术要求，主要条文有：

第5.2条　工前检测评价程序，包括资料调查、现场外观初步调查、评价等级确定、工前检测方案编制、仪器设备确认、现场检测、检测结果分析和工前检测评价报告编制。

第6.1.1条　安全评估应在工前检测评价及初步专项设计方案完成后、穿越城轨工程设计安全性评审前进行。

第6.1.2条 安全评估宜采用三维模型进行计算评估。

第6.1.3条 初设安全评估应明确给出穿越城轨工程对既有城市轨道交通设施安全影响的结论。当需要对既有城市轨道交通设施进行监测时，初设安全评估应明确给出监测对象、项目及控制值 U_0。

第6.1.4条 施工图安全评估应对施工图专项设计能否满足既有城市轨道交通设施安全运营进行验算，并给出结论。

第6.2条 安全评估程序包括资料收集、评估对象确定、评估模型建立、评估参数设定、初设安全评估、施工图安全评估、安全评估报告编制。

第6.4.1条 安全评估的范围应由评估单位依据工前检测评价报告、初步专项设计方案等，结合穿越城轨工程对城市轨道交通设施的影响程度确定，并经城市轨道交通运营单位及产权单位确认。

第7.1.1条 穿越城轨工程初步专项设计所需的基础资料应包括穿越城轨工程的地勘资料、管线调查资料、周边建筑物资料、工前检测评价报告、既有城市轨道交通设施设计及施工资料、大修或专项维修资料等。

第7.1.3条 穿越城轨工程初步专项设计内容应包括：应对穿越方式、穿越位置、结构形式及尺寸进行现场核定；应绘制相应的平面图、断面图，准确反映穿越城轨工程与既有城市轨道交通的空间位置关系；穿越城轨工程初步专项设计应明确施工工法及技术要求。

第7.2.1条 施工图专项设计应在初设安全评估的基础上，对初步专项设计进行深化设计。

第7.2.3条 施工图专项设计应对降水、管线保护措施、施工工法及工艺、既有城市轨道交通设施的加固或拆改移、轨道防护、监测等技术要求，并提出配合穿越城轨工程的运营组织与管理要求。

第9.1.1条 监测单位应根据施工图专项设计并结合工前检测报告、安全评估报告、施工方案等编制监测实施方案。

第10.2条 后评估程序包括资料调查、工后现场外观初步调查、评估等级选择、评估范围及对象确定、工后检测方案编制、工后现场检测、检测结果对比分析、评估模型建立、评估参数设定、后评估计算分析、后评估报告编制。

第10.7.1条 工后检测实施前应编制工后检测方案，应包括工程概况、检测范围、检测项目、检测依据、检测方法、检测仪器设备、检测人员、检测计划等。

《城市轨道交通工程设计规范》DB 11/995—2013 专门设置“风险工程设计”一章，规定了针对工程安全风险的设计及管理条文，主要有：

轨道交通地下工程各设计阶段均应有针对性地开展安全风险工程设计工作。风险工程设计工作应遵循“分阶段、分等级、分对象”的基本原则，面向不同设计阶段、不同安全风险等级、不同风险工程分别开展风险工程设计工作，以满足轨道交通工程建设风险控制和管理的实际需要。

风险工程设计应对新建轨道交通工程自身及受新建轨道交通工程影响的环境进行风险识别、风险分析、风险控制，通过分析提出合理的控制指标和具体技术措施，保证轨道交通工程建设的自身安全及受影响的周边环境的正常使用。

设计阶段除应考虑轨道交通工程建设期间的安全风险因素外，还应考虑工程建成投入使用后可能面临的各种风险。

地下工程的安全风险主要考虑工程自身风险和环境安全风险两大类。自身风险工程的基本分级为一、二、三级，重点考虑因素为基坑开挖深度，暗挖结构层数、跨度、断面形式、覆土厚度、开挖方法、工程地质和水文地质条件等。环境风险工程基本分级为特、一、二、三级，重点考虑因素为周边环境与新建轨道交通工程的接近度，周边环境所处的工程影响区，周边环境的重要性及自身特点，新建轨道交通工程的工法特点等，周边环境的重要性分为重要和一般两种情况。地下结构工程的综合风险等级的确定，应结合工程自身风险等级和环境风险等级确定，以其中较高风险等级作为综合风险等级。当工程场地有特别不利的地质和水文地质条件时，可适当上调综合风险等级。

风险控制的原则：规避原则、降低原则、控制原则。

（1）规避原则：对特级、一级环境风险工程优先对车站站位、线路走向的布置方案进行分析比较，使重要周边环境处在新建轨道交通工程的显著影响区外；对工程自身，在工法选择、结构型式、基坑深度等方面应尽量规避风险大、控制难的设计方案。

（2）降低原则：对于处在新建轨道交通工程的强烈影响区内的周边环境，优先考虑采取改移、拆除、补强等方式将风险降至最低；对工程自身，应针对工程的具体特点及所处的地质条件，选择安全适宜的施工工法。

（3）控制原则：对于处在新建轨道交通工程的影响区内的无法规避的周边环境或者无法降低风险等级的特级、一级风险工程，需对新建轨道交通工程的施工方法及施工参数进行分析比较，确定对周边环境影响较小的设计方案。另外需对周边环境的保护措施和自身风险控制措施进行技术经济分析，制定出安全、经济、合理的具体技术措施。

各不同设计阶段风险源设计工作重点如下：

（1）规划设计阶段

1）从工程沿线周边情况和远期城市规划的角度，合理确定建设项目的建设位置及与周边环境的相互关系，规避已知的和预期将要出现的工程风险；

2）应充分注意轨道交通沿线的重要控制因素，明确规划控制和保护要求，防止因规划控制不力导致轨道交通工程实施风险的增加。

（2）可行性研究阶段

1）从工程实施的角度出发，结合线路选线，研究确定与地质和环境条件相适应的地下结构主要施工工法和结构形式，确定合理埋深，合理安排地下结构与邻近建（构）筑物和设施的关系，估计相互影响程度，识别和评价工程实施的风险；

2）本阶段应对全线地下结构工程自身风险和环境风险进行专门的定性分析和论述，并从方案的角度提出下一步工作建议和风险工程设计优化方向；

3）对可行性研究阶段所建议的风险控制方案和措施，应考虑其对工程造价的影响，并在工程投资估算中有所体现。

（3）初步设计阶段

1）分析和识别地下结构工程的自身风险和环境风险，进行安全风险分级，提出安全风险清单，给出初步的工程实施方案和风险控制措施；

2）特级、一级环境风险工程应进行安全性专题设计，内容主要包括：初步的安全风险分析评价、工程环境监测控制标准、工程技术措施、环境安全保护设计措施、监控量测设计方案等，给出必要的断面设计和措施设计图；

3）对于地位特别重要、影响特别重大的高等级环境风险，必要时可通过各种理论分析手段进一步验证其影响程度和范围。

（4）施工设计阶段

1）施工图设计文件应落实工程风险处置措施；

2）特级、一级环境风险工程应进行安全性专项设计和评审，专项设计文件的深度应满足施工设计文件的深度要求；

3）安全风险专项设计应进行施工附加影响分析。分析和预测工程实施可能对周围环境带来的相关影响，提出初步的施工控制指标。施工附加影响分析通常采用数值模拟、反分析、工程类比等方法，预测分析地下结构施工对工程环境所造成的附加荷载和附加变形影响，评价环境风险的安全性，判断施工方法、加固措施等能否满足工程环境所允许的剩余承载能力和变形的要求，为环境风险工程施工图设计、环境监控量测控制指标制定、环境安全保护设计和施工建议提供充分依据。

《城市轨道交通土建工程设计安全风险评估规范》DB 11/1067—2014 主要规定有：

第7.1.1条 安全风险控制应遵循安全第一、预防为主的原则，根据风险等级、评估结论和工程条件等，在风险工程设计中采取安全可靠、经济适用的控制方案或措施。

第7.1.2条 总体设计阶段在线路走向、车站站位的选择和布置时，宜尽量避开不良地质和重要环境设施。

第7.1.3条 初步设计阶段应在安全、经济的基础上，通过选择合理的施工方法、围（支）护结构、地下水控制、环境保护等方案降低风险。

第7.1.4条 施工图设计阶段应在安全、经济的基础上，制定工程自身风险控制措施和环境设施保护措施，并给出合理的监测变形控制指标（值）。

上海市《基坑工程施工监测规程》主要规定了轨道交通基坑工程监测原则、基坑工程监测等级、监测工作内容与要求、围护体系监测点布置、周边环境监测点布置、监测方法与技术要求、监测技术成果文件的编制等，从监测方面控制施工风险，信息化指导施工。主要条文有：

1.0.3 基坑施工监测是对基坑支护结构本身安全及稳定性变化、对基坑周围环境和地下设施的变化进行系统的现场观测工作，旨在为基坑施工质量和安全性提供保证措施。因此在编制监测方案时，应充分考虑其相关因素。

上海市《基坑工程设计规程》从设计角度提前筹划规避风险，明确了风险设计工作开始的阶段与主要内容、技术要求。

上海市《地铁基坑工程施工规程》从施工技术角度规定了如何采用可靠的施工措施规避施工期间的主要风险，从明挖法施工角度分析与归纳风险控制关键点与措施，明确了施工阶段风险管理工作开展的阶段、内容、技术要求。

深圳市《轨道交通工程周边环境调查导则》主要规定了调查的基本原则、工作范围、调查的基本内容、调查工作程序、周边环境初步调查、邻近建（构）筑物详细调查、调查成果和评价、周边环境评价标准等内容。

2.3 相关领域情况

近些年，铁路、交通运输、水利水电工程等领域也颁布了针对风险管理的相关政策文件或标准规范，见表2.3-1。

相关领域安全风险管理规范文件一览表　　表2.3-1

序号	名称	文号
1	铁路建设工程安全风险管理暂行办法	铁建设［2010］162号
2	公路桥梁和隧道工程设计安全风险评估指南	交公路发［2010］175号
3	大中型水电工程建设风险管理规范	已形成征求意见稿

这些领域对安全风险评估与管理的内容、程序、主体及责任等进行了规定，对城市轨道交通工程安全风险管理工作及其体系构建具有一定的参考借鉴作用。

如《铁路建设工程安全风险管理暂行办法》（铁建设［2010］162号）规定：对已批复初步设计或已开工项目要按照本办法对在建风险工程进行评估；建设单位是建设项目的责任主体，应比照铁路隧道风险管理要求，制定高风险工点的风险管理实施办法，建立风险管理体系，完善风险管理机制，落实参建单位和人员责任，按照阶段管理目标和管理要求认真做好风险管理工作；建设单位应组织专家对勘察设计单位提出的高风险工点及风险等级建议进行论证，确定高风险工点及风险等级；建设单位应将高风险工点的风险控制措施纳入施工图审核的范围，在组织施工图审核时对风险控制措施进行检查优化和完善，并组织制定风险管理方案；建设单位须将风险管理方案、风险控制措施等纳入指导性施工组织设计，并将风险管理责任、风险控制措施、风险控制费用等纳入施工合同及监理合同；对风险控制工作实施动态管理，已评估并有防范措施的工程风险发生变化的，建设单位须立即组织勘察设计、施工和监理单位研究，确定风险等级，调整风险控制措施；对施工过程中揭示的未纳入设计的重大潜在风险，建设单位须立即组织勘察设计、施工和监理单位研究，确定风险等级，补充风险控制措施。

《公路桥梁和隧道工程设计安全风险评估指南》（交公路发［2010］175号）规定了安全风险等级确定、风险评估方法、风险评估内容与程序、桥梁和隧道初步设计阶段安全风险评估要点、桥梁和隧道施工图设计阶段安全风险评估要点、安全风险应对与管理、安全风险评估成果等内容；工程安全风险评估包括确定风险源、估测风险源发生概率与风险损失、确定风险源风险等级、采取相应的风险控制措施等内容；安全风险评估工作由承担设计任务的设计单位负责，设计单位应组织专家和具有一定专业职称及工程经验的人员成立评估小组，承担风险评估工作；项目法人（业主单位）应对风险评估报告进行评审，设计单位根据评审意见和评估报告提出风险控制措施，完善设计方案；风险评估报告与设计文件一同报行政主管部门审批。

第3章　城市轨道交通工程安全风险管理体系研究及建设现状

3.1　国外研究和建设现状

欧美等发达国家率先开展了地下工程和岩土隧道工程的系统化风险管理工作（包括信息化）。ITA（International Tunnelling Association）于2004年发表最新的Guidelines for Tunnelling Risk Management（隧道风险管理准则），为隧道工程（以岩石隧道为主）的风险管理提供了一整套参照标准和方法，作为隧道工程及地下工程从概念至营运前系统化风险管理工作的准绳，被认为是国内外开展城市轨道交通安全风险管理的基石和重要标志。

ITA准则主要阐述了在隧道建设期中的每一阶段，从业主的角度针对隧道工程的特性如何进行风险管理，在时间流程上自始至终分为三个阶段，包括：（1）初期设计时间（Early Design Stage）；（2）发包与合约谈判阶段（Tendering and Contract Negotiation）；（3）施工阶段（Construction Phase）。在各个阶段中，业主（Owner）及承包商（Contractor）在风险管理的对应工作见图3.1-1。

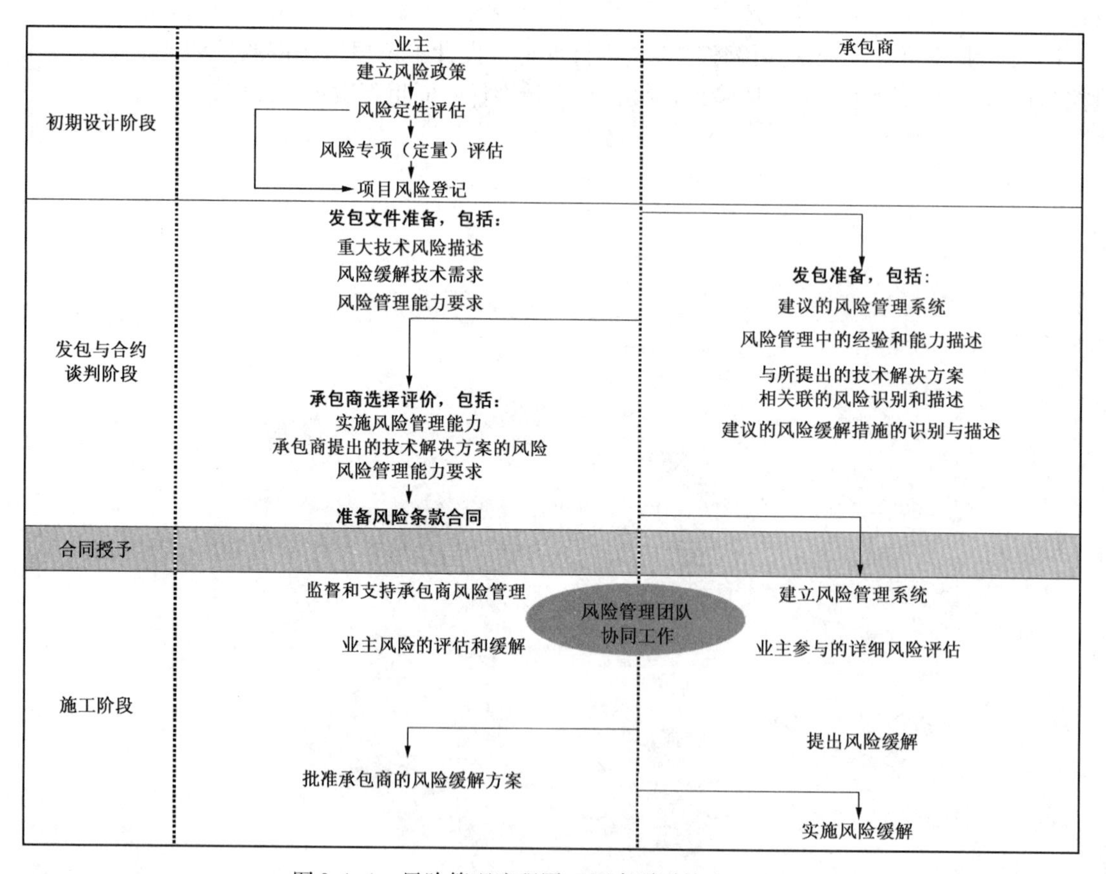

图3.1-1　风险管理流程图（国家隧道协会，2004）

随后，国际隧道保险组织（International Tunnelling Insurance Group，ITIG）于2006年参考英国隧道学会（British Tunnelling Society，BTS）与英国保险协会（Association of British Insurers，ABI）的The Joint Code of Practice for Risk Management of Tunnel Works in the UK（英国隧道工作风险管理作业联合规范）完成了A Code of Practice for Risk Management of Tunnel Works（隧道工作风险管理作业规范）。ITIG规范将隧道建置过程明确分为四个阶段（Stages），分别为：计划开发（project development）、设计（design）、施工合约委任（contract procurement for construction）及施工（construction），并且明确排除营运阶段。

诸多学者针对地铁工程建设也提出了相应的安全风险分析理论方法和实践手段。ChoiH. H. 等人（2004）研究了地铁建设工程的风险评估方法，提出一个标准化的评价程序，包括确定风险、分析风险、评价风险和管理风险四步。在研究过程中，使用一种基于模糊概念不确定性模型的分析软件，并以韩国的地铁建设为例进行研究。Geyer、T. A. W（2005）等研究了识别在系统运行中最可能引发事故的综合集，并且估计各种情况的严重性和发生可能性。将这些风险分为两类：个人风险及社会风险，提出风险标准，进而表现隧道中使用定量风险评价（QKA）模型的优势。Holick. M（2006）等人将风险最优化的概率方法运用到公路隧道设计过程识别最有效的安全措施中，提出风险管理的框架以及使用风险评价重复进行的流程进行风险评估，阐述最优化规避风险方法的流程，通过标准化比较措施风险，选择最优化方案。

国际标准化组织（ISO）于2009年颁布了ISO FDIS 31000（2009）Risk management—Principles and guidelines（风险管理—原则与实施指导准则），提出风险管理的原则与通用的实施指导准则适用于任何公共、私有或社会企业、协会、团体或个人，即这一标准是通用的，而不局限于特定行业或部门，且不建议所有组织实行统一的风险管理。该准则应用于组织的整个生命过程，以及一系列广泛的活动、流程、职能、项目、产品、服务、资产、业务和决策。风险管理的设计和实施取决于特定组织的不同需要、组织特定的目标、范围、组织结构、产品、服务项目、业务流程和具体操作。该准则规定风险管理过程包括五个活动：沟通与协商、确定环境状况、风险评估（细分为风险识别、风险分析、风险评价）、风险处理、监控与审查。该准则也是国内开展风险管理工作的基础。

为达到最大的效益，组织的风险管理应遵循以下原则：

（1）风险管理创造价值。风险管理有助于目标的实现和改进，例如，人类健康和安全、法律和法规、公众认同、环境保护、财务、产品质量、业务效率、公司治理和声誉。

（2）风险管理是组织进程中不可分割的组成部分。风险管理是管理职责中的一部分，同所有项目、变更管理流程一样，是组织进程中不可分割的一部分。风险管理不是与组织主要活动和组织进程分离的独立活动。

（3）风险管理是决策的一部分。风险管理有助于决策者作出明智的选择。风险管理有助于确立优选方案以及对各备选方案的判断。最后，风险管理有助于决策者确定风险的可接受程度以及风险处理的合理性与有效性。

（4）风险管理明确地将不确定性表达出来。风险管理可以处理决策中的不确定性、不确定性因素，以及这些不确定性如何表达。

（5）风险管理应系统化、结构化、及时化。系统、及时、结构化的风险管理方法有助于提高效率和可持续发展，增加可靠性。

（6）风险管理依赖于信息的有效程度。风险管理所需的信息来源于如经验、反馈、观察、预测和专家的判断等。但是，决策者应考虑到数据或模型的局限性以及专家之间产生分歧的可能性。

（7）风险管理应适应组织。风险管理应符合组织的外部、内部环境和风险状况。

（8）风险管理应考虑人力和文化因素。风险管理应考虑外部和内部人员的能力、观点和倾向，这些因素可以促进或阻碍组织目标的实现。

（9）风险管理应该是透明的、包容的。风险管理应包括利益相关者，以及组织的各级决策者。利益相关者对风险管理提出自己的观点，在风险标准确定中应考虑他们的意见；组织的各级决策者确保风险管理工作的相关性并及时更新。

（10）风险管理应该是动态、反复及适应变化的。因为内部和外部事件的不断升级、背景和知识的不断改变、新风险的不断发生、监控和审查的出现，以及其他一些影响因素的变化或消失，所以组织应保持风险管理的敏感性并及时响应变革。

（11）风险管理应不断改善和加强。组织应当制定和实施战略，来完善组织各方面的风险管理。

从国外研究和建设现状来看，虽然制定了安全风险管理的原则、方法、内容和程序等，但针对安全风险管理体系并没有特别的界定和要求。尤其近年来随着国外隧道及地铁工程建设减速，欧美发达国家在安全风险管理研究与应用（包括安全风险管理体系建设）方面无明显进展。

3.2　国内研究和建设现状

从研究文献上发现，进入21世纪尤其是近10年以来，工程风险分析与管理领域得到前所未有的关注，许多专家学者进行了研究，部分学者对城市轨道交通工程建设安全风险管理体系进行了探讨。如莫若揖、黄南辉（2007）在《地下工程施工事故与风险管理》中，参考国际隧道协会所建议的分级系统，将2001~2006年间在亚太地区地铁工程施工期间所发生的43起事故，依其后果的严重性分级，以作为发展地下工程风险管理的基础。纳入考量的项目包括人员伤亡、经济损失及对民众生活的影响、工期的延误以及对交通的影响。并以新加坡政府在尼诰大道灾变后所采取的一连串措施为例，提出了水是灾变元凶、地层加固的规范必须修订、地层加固的质量是关键、加强风险管理等的结论；张成满、罗富荣（2007）在《地铁工程建设中的环境安全风险技术管理体系》研究建立了北京地铁建设对邻近周边环境的风险管控内容、程序、责任分工和技术要点等；钱七虎（2009）在《中国地下工程安全风险管理的现状、问题及相关建议》一文中提出了加强安全风险管理体系建设的论述。

从各地实际做法上看，2004年上海开展了可行性研究阶段安全风险预评估和施工安全风险监控管理工作（利用研制的信息系统），2005年左右深圳开展了第三方监测工作，2005年北京开展了穿越既有线安全评估、第三方监测工作，并率先建立了环境风险技术管理体系并下发文件，被认为是全国城市轨道交通领域建设安全风险管理体系的开端。之后随着我国城市轨道交通迅猛发展，建设规模不断过大，各地纷纷开展了相应和不同程度的安全风险管理工作。其中北京于2007年开始进行研究，于2008年建立了系统完善的安全风险技术管理体系和制度文件（包括管理文件、技术标准文件等共19套）并对北京在建各条地铁线路进行全面推行应用，2013年根据建设管理经验又进行了修编并建立了安全质量隐患排查管理体系；2006~2007年广州地铁总公司委托咨询公司开展了地铁工程安全管理体系（建设类）诊断与评估；之后天津、苏州、西安、大连、郑州、长春、南宁、成都等地铁建设城市纷纷构建了较适合当地特点的安全质量管理体系（安全风险管理是其核心内容）或独立的安全风险管理体系。

从法规标准上看，近些年来，因城市轨道交通工程建设安全事故多发易发，国家、行业和地方相继出台多部政策规范性文件或标准规范，对工程安全风险管控、体系建设等提出了一些要求。如从法规政策和技术标准上看，2007年住房城乡建设部发布的《地铁及地下工程建设风险管理指南（试行）》（建质［2007］254号）被认为是国内要求系统性开展城市轨道交通工程安全风险管理工作的开端，其实质是ITA准则的国内版，在风险管理过程、内容、分级标准等与ITA准则基本一致。2011年出台的《城市轨道交通地下工程建设风险管理规范》GB 50652—2011则是《地铁及地下工程建设风险管理指南（试行)》（建质［2007］254号）的升级版，成为当前国内开展城市轨道工程建设安全风险管理的主要法律技术依据。后来颁布的《城市轨道交通工程安全质量管理暂行办法》（建质［2010］5号)、《城市轨道交通工程质量安全检查指南（试行)》（建质［2012］68号）等都将安全风险管理作为其中一项重要内容，其中《城市轨道交通工程质量安全检查指南（试行)》（建质［2012］68号）将安全风险管理体系建设内容首次纳入督查范畴。

另外，煤矿、食品、电力等行业系统领域均建立了自身的安全生产或安全风险管理体系。

其中，国务院安全生产委员会办公室于2012年7月，制定颁布了《安全生产事故隐患排查治理体系建设实施指南》，通过推广北京市顺义区等地深入开展安全隐患排查治理、有效防范事故的先进经验和做法，建立健全安全生产事故隐患排查治理体系，形成“分工负责、齐抓共管”的监管机制，实现全覆盖、无缝化和动态化管理，形成全过程、动态化、重预防的工作考核激励机制。主要内容包括：

（1）安全生产事故隐患、分级、排查、治理概念及安全隐患排查治理体系与安全生产标准化建设工作的关系。

（2）政府监管体系。包括：企业基础数据采集、建章立制、划分政府部门的职责、教育培训、组织隐患查报、分级分类监管、考核与奖惩、形势分析与预测预警等内容。

（3）企业隐患排查治理体系包括：企业管理体系建立（组织机构建设、建立健全规章制度、全面培训、纳入考核和持续改进等)、企业隐患分级治理与闭环管理、企业隐患自报、安全生产形势预测预警等内容。

（4）隐患排查治理标准体系包括：隐患排查治理标准体系框架及主要内容、标准编制流程。

（5）隐患排查治理信息系统包括：系统建设原则、依据与内容、政府端信息系统（基础网络环境、数据共享交换系统、隐患排查治理应用模块、数据库系统）、企业端信息系统建设（企业隐患排查治理应用模块、数据共享交换系统）等。

南方电网公司自成立以来，一直致力于安全生产管理的探索与研究，在继承和传承原来好的安全生产管理的基础上，积极引进和探索当代先进的安全管理模式。2007年，在系统内推行安全生产风险管理体系，通过在系统内进行试行，取得了一些经验，目前已在公司系统推广应用。风险管理是构成管理过程的必要组成部分，涉及多方面的因素，其整个过程按照SECP（系统建立的充分性、系统执行的完整性、执行与系统的一致性、执行的效果）四个环节进行，体系运行循环PDCA管理模式，安全生产风险管理体系运行的主线是风险控制过程，而基础是危害辨识、风险评估和风险控制的策划。安全生产风险管理体系的基本思路是：基于风险、以人为本、规范行为，注重安全生产过程分析，强化安全风险评估，实施安全风险动态管理，坚持纠正与预防。其安全生产风险管理体系由9个单元、51个要素、159个管理节点和480条管理子标准组成。

其中9个单元包括：安全管理、风险评估与控制、应急与事故管理、作业环境、生产用具、生产管理、职业健康系统、能力要求与培训、检查与审核。9个单元指出了安全生产管理的范围，管理要素指出了需要具体管理的工作，管理节点指出了要素的管理关键点或流程节点，子标准是各流程节点的工作要求或方法。总之，安全生产风险管理体系涵盖了电网企业安全生产的方方面面。

由上可知，无论是国务院安全生产委员会的安全生产事故隐患排查治理体系，还是南方电网公司的安全生产风险管理体系，具有体系构架的基本要素和风险管理体系的一些雏形和部分内容，但严格来讲，还不是完全根据安全风险管理内容设计的风险管理管理体系，但可供城市轨道交通工程建设安全风险管理体系构建参考。

总体来说，国内绝大部分轨道交通建设城市开展了工程建设安全风险管理工作，并不同程度地开展了体系诊断、构建和应用及持续改进的研究和工程实践工作。形成了做法不统一，成绩与问题并存，制度标准建立、体系建设与应用方面不完善的不利局面。因此，安全风险管理工作的“体系化、规范化、指标化、信息化”将是未来建设的重点；同时全面性、针对性和实用性是未来建设的方向。

3.3 轨道交通建设城市安全风险管理体系建设现状做法经验

3.3.1 总体情况

2014年住房城乡建设部组织北京市建设工程质量安全监督总站等单位，对全国各轨道交通建设城市的安全风险管理体系建设现状及做法经验进行了较为全面的调研和分析，调研分析结果表明，城市轨道交通建设城市的安全风险管理体系基本以建设单位为主，各地区主要根据法律法规、规范性文件［如《城市轨道交通工程安全质量管理暂行办法》（建质［2010］5号）］、技术标准（主要是《城市轨道交通地下工程建设风险管理规范》GB 50652—2011）和地方管理经验，建立了企业自身针对城市轨道建设工程的安全风险管理相关制度文件，但文件名称、形式、涵盖内容、适用范围及与安全质量管理体系的接口关系等差异较大。

总体来看，北京、西安、郑州、大连等城市构建了专门或较完整的安全风险管理体系，且大部分以企业制度文件形式颁布实施；上海、广州、天津、南京、重庆、沈阳、武汉、成都、杭州、苏州、合肥、南昌等地虽未构建专门的风险体系，但制定了专门或多套安全风险管理手段等相关制度文件并正式颁发；东莞、福州、石家庄、济南等地仅形成了少部分安全风险管理相关制度文件。具体情况参见表3.3-1。

各轨道交通建设城市安全风险管理相关制度文件现状　　表3.3-1

分　类	代表性城市
有专门及较完善体系	北京、西安、昆明、郑州、大连、长春、南宁、乌鲁木齐
有专门手册或多套制度办法	上海、广州、深圳、天津、南京、重庆、沈阳、武汉、成都、杭州、苏州、青岛、合肥、南昌
有部分制度文件	长沙、哈尔滨、无锡、佛山、东莞、贵阳、福州、石家庄、兰州、太原、济南、厦门、徐州、常州

3.3.2 北京

北京市轨道交通建设管理有限公司（建设管理单位）于2007年通过市科委重大专项研究，于2008年建立了系统完善和独立的安全风险技术管理体系文件，并在建各线全面推行应用（京轨建总工字［2008］222号和总工字［2008］302号），2013年又根据建设管理经验又进行了修编，目前全网在建线路运行良好，成效显著。其体系文件参照ISO架构模式，层次较清晰，且方便工程应用，但主要针对的是安全风险技术管理。体系文件贯穿轨道交通工程建设全过程，涵盖了各参建主体和安全风险管理关键环节（建设、勘察、设计、施工、监理、监测等），建立了公司、项目管理单位和现场三级风险管理模式，建立了工程自身和周边环境的风险工程分级标准、调级原则（自身风险工程三级、环境风险工程四级）与管理程序，建立了三类（监测、巡视、综合）三级（黄、橙、红）预警、响应及处置体系，强化了环境调查、专项设计、风险评估、地下水控制、预警响应等专项工作，规范了各关键环节技术预审论证或验收的过程预控程序，以及建立了依托第三方监测、施工安全风险咨询等第三方力量加强工程建设安全风险管理的模式等。

体系由安全风险技术管理总文件、安全风险控制技术文件和安全风险管理文件三大部分、共24个文件构成，参见表3.3-2。

北京轨道交通建设安全风险技术管理体系文件总览　　表3.3-2

序号	文件或子文件名称	文件编号	版次
一	**安全风险技术管理总文件**	BJMTR/RM-SF	V1.0
附件1	公司安全风险管理工作职责		
附件2	参建方安全风险管理职责与工作要求		
附件3	安全风险技术管理工作记录表		
二	**安全风险控制技术文件**	BJMTR/RM-CF	
1	岩土工程勘察	BJMTR/RM-CF-01	V1.0
2	环境调查	BJMTR/RM-CF-02	V1.0
3	风险工程分级与设计	BJMTR/RM-CF-03	V1.0
4	环境安全风险评估	BJMTR/RM-CF-04	V1.0
5	地下水控制	BJMTR/RM-CF-05	V1.0
6	工程监测	BJMTR/RM-CF-06	V1.0
7	监控量测控制指标参考	BJMTR/RM-CF-07	V1.0
8	施工风险评估与控制	BJMTR/RM-CF-08	V1.0
9	盾构施工技术	BJMTR/RM-CF-09	V0.0
10	洞内渗漏水治理	BJMTR/RM-CF-10	V0.0
三	**安全风险管理文件**	BJMTR/RM-PF	
1	重大风险工程施工技术方案论证	BJMTR/RM-PF-01	V0.0
2	地下水控制管理	BJMTR/RM-PF-02	V0.0
3	盾构施工管理	BJMTR/RM-PF-03	V0.0
4	第三方监测管理	BJMTR/RM-PF-04	V1.0
5	勘察咨询管理	BJMTR/RM-PF-05	V0.0
6	设计咨询管理	BJMTR/RM-PF-06	V0.0
7	安全风险咨询单位管理	BJMTR/RM-PF-07	V0.0
8	专家巡视活动	BJMTR/RM-PF-08	V0.0
9	休息平台基础信息录入	BJMTR/RM-PF-09	V1.0
10	视频监控管理	BJMTR/RM-PF-10	V1.0
11	工程预警、处置及消警	BJMTR/RM-PF-11	V1.0
12	施工风险监控信息报送	BJMTR/RM-PF-12	V1.0
13	施工突发事件应急响应	BJMTR/RM-PF-13	V1.0

其中，安全风险技术管理总文件是体系的纲领性文件，也是公司和参建各方开展安全风险管理所遵循的基本准则，对各阶段和各环节安全风险管控工作提出了总体和基本要求，并包括公司安全风险管理工作职责、参建方安全风险管理职责与工作要求等附件。

安全风险控制技术文件是体系的技术支持性文件，由 10 个子文件构成，涉及岩土工程勘察、环境调查、风险工程分级与设计、环境安全风险评估、地下水控制、工程监测、监控量测控制指标、施工风险评估与控制、洞内渗漏水治理等内容。

安全风险管理文件是体系的管理支持性文件，由 13 个子文件构成，涉及重大风险工程方案论证、地下水控制管理、盾构施工管理、第三方监测、安全风险咨询、专家巡视、信息平台基础资料录入、视频监控管理、工程预警处置与消警、风险监控信息报送、应急响应等内容。

另外，北京市轨道交通建设管理有限公司为强化体系落实和加强施工阶段安全风险管控，同期研制并不断升级完善了北京市轨道交通工程施工安全风险管控信息系统平台（由施工安全监控管理系统、盾构施工实时管理信息系统和视频监控管理系统 3 个软硬件系统组成）；并专门成立了安全监控中心，主要负责工程建设全过程安全风险管理监督管理的具体实施，负责体系的使用、管理和解释，并依托委托的安全风险咨询管理组进行技术支撑管理。

目前，主要以该体系文件为基础，北京市轨道交通建设管理有限公司正组织起草地方标准《城市轨道交通工程建设安全风险技术管理规范》。

3.3.3　上海

上海申通地铁集团制定了上海轨道交通建设工程项目风险管理办法（暂行），共分九条。

第一条【目的和依据】。

第二条【使用范围】：适用于上海轨道交通区间隧道工程（含旁通道、敞开段、暗埋段、中间风井），地下车站工程（含出入口、风井等附属结构）。

第三条【责任主体】：从事上海轨道交通建设的参建各方均纳入工程风险管理，包括建设单位、勘察单位、设计单位、监理单位、施工单位、危及工程安全与质量的关键专业或劳务分包单位［如（但不限于）：监测单位、地墙围护施工单位、水泥系列地基加固及止水帷幕施工单位、降水施工单位、土方开挖施工单位、钢支撑施工单位、结构施工劳务分包单位、车站或隧道注浆或堵漏（含隧道二次补浆、特殊段穿越注浆等）、盾构掘进劳务分包单位、隧道与车站井接头施工单位等］。

第四条【基本原则】：“事前”控制，从工程风险的“源头”管理，工程风险事先受控，并以防范和预控作为工作重点，采取综合措施治理；风险控制应强化全过程、全覆盖控制，不仅要强化对建设过程的风险控制，同时要强化可能危及运营长期安全的风险控制；不仅要强化对重点工程、关键节点的风险控制，同时要实施在建项目工程风险的全覆盖控制；在工程风险普遍受控基础上，风险控制宜根据风险等级进行“差别化”管理，重点加强控制工程关键节点、关键工序以及有灾害连锁反应的风险点和风险期；风险控制须强化“动态”监控和过程控制，对工程实施边界条件变化对工程风险的影响予以充分重视，动态对工程的风险进行评估，形成管理组织体系和事务性工作机制，并以“责任制”为抓手，强化责任落实、措施落实和效能监察；风险工程应强化应急方案或措施的落实，即重大风险项目在高风险时段其关键应急物资、设备等必须到位；风险工程须强化“预警”快速反应机制，风险工程“预警早、处置早、损失小”，须以险情时刻第一时间内反应为原则，强化抢险装备、机具、物资、材料、人员的配备，以及关键工序的开工令制度和平时的应急演练。

第五条【分阶段控制要点】：在工程各个阶段的工程风险控制的要点不同，在初步设计阶段，工程风险控制工作以梳理工程风险为主，在满足使用功能要求前提下，可通过调整规划选址等措施规避工程风险；在施工图设计阶段，重点进行工程风险评估工作，明确工程风险点、预估其可能造成的损失，并明确工程风险治理和防范的原则和路线；在工程实施阶段，重点加强工程风险的过程控制和警情的应急响应，并提高工程的质量，避免给运营遗留隐患；在运营阶段，以治理遗留的工程隐患为重点。

第六条【工程风险评估工作】：1. 工程风险评估工作以建设单位牵头组织、协调、管理并检查落实；2. 勘察设计单位在施工图设计阶段，根据工程所处水文工程地质、周边环境制约及工程本身特征，开展工程风险评估工作；各轨道交通项目由总体设计单位牵头组织各分项设计单位进行风险评估，形成各轨道交通项目的总体风险评价，并通过专家评审；3. 评审专家组由勘察、设计、施工专家组成，人数不少于7名，并需要有地基加固、降水等关键专业的专家参加；评审通过后，在工程实施之前，由勘察设计单位向施工单位进行交底；4. 施工单位须在工程项目开工前实施风险评估工作，并作为开工验收条件的重要内容，纳入开工验收范围。施工单位应根据勘察、设计等要求，结合工程的水文工程地质、周边环境、施工工艺、工序、施工能力等条件，进一步细化、详化，形成工程风险评估报告；5. 监理单位现场总监理工程师是施工现场风险过程跟踪、控制和管理的第一责任人。监理单位须结合项目特点，针对工程风险编制工程风险专项监理实施方案，强化过程动态监控；6. 当工程实施的边界条件发生重大改变，如拆迁范围、管线搬迁、交通组织等发生重大变更，应再次编制工程风险评估报告并通过专家评审。专家评审通过后，工程风险评估报告在项目公司分监控中心备案，并作为工程变更的重要依据归档。

第七条【工程风险控制要求】：1. 建设单位在全覆盖、全过程受控的基础上，实施工程风险差别化管理，根据不同风险等级制定相关工程风险控制要求，集团层面通过远程监控重点加强对一级、二级风险的跟踪和管控；2. 各参建施工单位、监理单位应针对轨道交通建设风险，建立轨道交通风险管理领导小组或工作小组，领导小组组长宜由企业法人担任，工作小组组长宜由企业分管领导担任，强化对轨道交通建设风险的动态监控；3. 现场层面的工程风险控制管理网络包含施工单位、监理单位、设计单位及参建各单位专业分包和劳务分包，并根据工程风险等级不同确定第一负责人。细化到人的工程风险控制管理网络是工程开工条件验收时重要验收内容，由监理单位总监理工程师负责，在远程监控管理平台（www.st-ycjk.com）上报现场层面的工程风险控制管理网络；4. 一级风险的监控管理第一责任人为各参建单位（包括专业分包和关键劳务分包）的企业法人；二级风险的监控管理第一责任人为各参建单位分管质量安全的企业负责人；三级、四级风险的监控管理第一责任人为现场参建单位各负责人（项目经理、总监、设计负责人）。工程节点验收时，原则上参建各方责任人须到场，并对施工条件进行确认；5. 各参建单位由责任人牵头，组织、制定并落实相应的管理措施、技术措施和应急预案，并纳入轨道交通工程"效能监察"工作；6. 为确保工程安全和风险受控，对轨道交通基坑工程、区间隧道工程实施主要参建方申报制度，通过远程监控管理平台进行工程审报。参建各方包括勘察单位、设计单位、施工单位、监理单位及关键专业分包及劳务分包；7. 对一级、二级风险等级的建设工程，其专业或劳务分包必须优先选用优秀分供方的单位或资质等级为行业内最高等级的专业或劳务分包实施；8. 对风险工程强化动态、监控，施工现场施工单位结合每月工程例会对当月风险工程实施状况进行分析、梳理。监理单位总监理工程师作为现场第一责任人，经强化风险动态控制，结合监理月报把每月风险控制情况报给业主；9. 风险工程发生预、报警事件时，工程风险控制管理网络内参建各方负责人须在第一时间内到位（监理、施工、设计、关键专业分包和劳务分包必须参加），由监理单位召集抢险专题会议，分析、查明预警事件发生的真实原因，并制定针对性应急抢险措施，并组织实施应急抢险工作。警情发生后三个工作日内，由监理单位负责，向项目公司分监控中心上报警情处置报告。

第八条【工程风险监管制度】：1. 集团对在建工程的风险管理依托远程监控管理平台开展，红牌处理、黄牌警示及不良行为记录在远程监控管理平台上公示，工程风险管理信息发布和企业合格分供方资格注册、考核也依托远程监控管理平台进行；2. 集团对施工现场的监管实施红黄牌管理制度，对未严格实施风险监控管理等但未造成后果或其他影响的给予责任方黄牌警示；同一单位、同一项目连续三次黄牌视作一次红牌；造成后果直接红牌处理，并纳入不良行为记录；3. 红牌处理、黄牌警示的单位、责任人。被红牌处理的单位、责任人在五年内不得从事上海轨道交通建设工作；4. 不良行为或不良事件被政府部门（如上海市安全质量监督站、建设部）组织的轨道交通质量安全大检查中被通报或其他不良行为或事件。不良行为或不良事件在远程监控管理平台至少公示12个月。公示期满后，由被记录单位进行申请，项目公司审后撤销；5. 监理单位对受红牌处理、黄牌警示的施工单位、专业分包单位负有连带责任。

第九条【合格分供方资格审查制度】：合格分供方资格分为甲级、乙级和备案登记三个等级，甲级即优秀分供方；甲级、乙级分供单位，在工程项目开工之前，通过远程监控管理平台进行工程申报；未在合格分供方名录的分供单位，由施工单位推荐，项目公司组织，集团有关部门参加对拟进入单位组织评审。通过后可获得单个工程项目的合格分供方资格。项目结束后，结合工程项目实施效果，再行组织后评审，通过后报批准进入合格分供方，为备案登记单位，并在远程监控管理平台上及时公布；未在合格分供方名录的分供单位，在完成首个项目之后，由施工单位出具评价报告（须有施工单位现场项目经理签字并加盖施工企业公章，项目总监理工程师签字确认并加盖监理企业公章），再由企业法人授权人上报集团，集团召集专题会议，结合远程监控实施最终效果，对企业合格分供方资格作出评价；集团以项目最终实施效果作为依据，对承担一级风险的分供方，对关键风险点实施结果好，在风险项目实施过程中未发生任何不良行为或不良事件的最终考核的直接进入甲级；对发生过风险事件但分析并经专家评审确认为非分供方责任的，不作处理；有责任的视后果作降级或取消其合格分供方资格；对取消合格分供方资格的企业及其企业法人、现场主要管理者等单位或个人，将给以发生事件后的五年时间内不得从事轨道交通建设的处罚，同时对项目经理、总监理工程师等现场项目、单位、个人在发生事件的当个年度内取消项目及个人评优评先等资格，并结合效能考察对企业责任人实施追究；连续12个月未承接轨道交通工程项目或未有工程申报的分供方将实施降级，即甲级降级为乙级，乙级为备案登记。

同时，上海申通集团初步建立了《轨道交通盾构法隧道工程总体风险初步评价标准》、《轨道交通基坑工程总体风险初步评价标准》、《轨道交通旁通道工程总体风险初步评价标准》、《城市轨道交通工程建设关键节点条件验收》，在国内率先研制了安全风险监控信息系统，并通过成立专门的风险监控中心进行施工过程的全面监控管理；率先开展了城市轨道交通工程建设关键节点条件验收工作。

3.3.4　广州

2006~2007年，广州市地下铁道总公司组织开展了地铁工程安全管理体系（建设类）诊断与评估工作，形成了地铁工程安全管理体系（建设类）诊断与评估报告，在此基础上对地铁工程安全管理体系（建设类）进行了梳理和完善，地铁工程安全管理体系（建设类）诊断与评估报告的主要内容包括：

1. 安全管理体系现状及分析：包括安全管理组织机构及方针、目标体制现状、安全管理运行机制现状［包括安全计划、安全例会、安全资金、工程承包商安全资质（安全许可证）审查、安全监察机制、安全考核机制、安全生产奖罚机制等］、安全生产责任制（包括总公司、建设事业总部、各级安全责任状等）、安全管理制度（包括建设工程文明施工管理、施工机械安全管理、特种设备及机动车辆、安全检查测试工具安全管理、消防安全管理、安全检查、事故报告与调查处理、统计、施工安全管理等）、安全培训教育（安全培训计划、安全培训教育情况）、安全技术防范（包括安全技术防范的含义、安全技术防范现状做法、施工阶段对安全技术防范的监督管理）、重大危险源及第三方监测管理、应急救援系统（包括应急预案、应急指挥部及职责、应急救援预案处置、应急预案对开放信息的处理、应急预案预知训练、应急预案演练效果的测量记录、应急资源保证与协调、应急预案评审与修订）、安全信息管理等内容。

2. 安全管理体系综合评价：主要包括安全管理组织体制、安全管理运行机制、安全生产责任制、安全管理制度、安全教育培训、安全技术防范、重大危险源及第三方监测管理、应急救援等内容。

3. 主要潜在风险分析和对策措施：主要包括安全管理体系主要潜在风险分析、加强广州地铁施工现场安全管理、增强自身安全管理综合实力、建设有广州特色的地铁工程建设安全文化等内容。

之后，广州市地下铁道总公司又重点针对城市轨道交通土建工程安全风险进行了系统研究（包括安全风险管理模式、安全风险分级标准、施工风险监控、工程施工对环境影响与控制等关键技术、安全风险信息管理平台等），创新性开展“六评六管一平台”安全风险管理工作，其中：

“六评”为：既有安全管理体系评估、可行性研究阶段安全预评价、初步设计阶段安全风险评估、施工阶段安全风险评估（包括施工准备期及施工阶段）、采用“四新”安全风险评估和竣工验收阶段试运营前安全评价。参见图3.3-1。

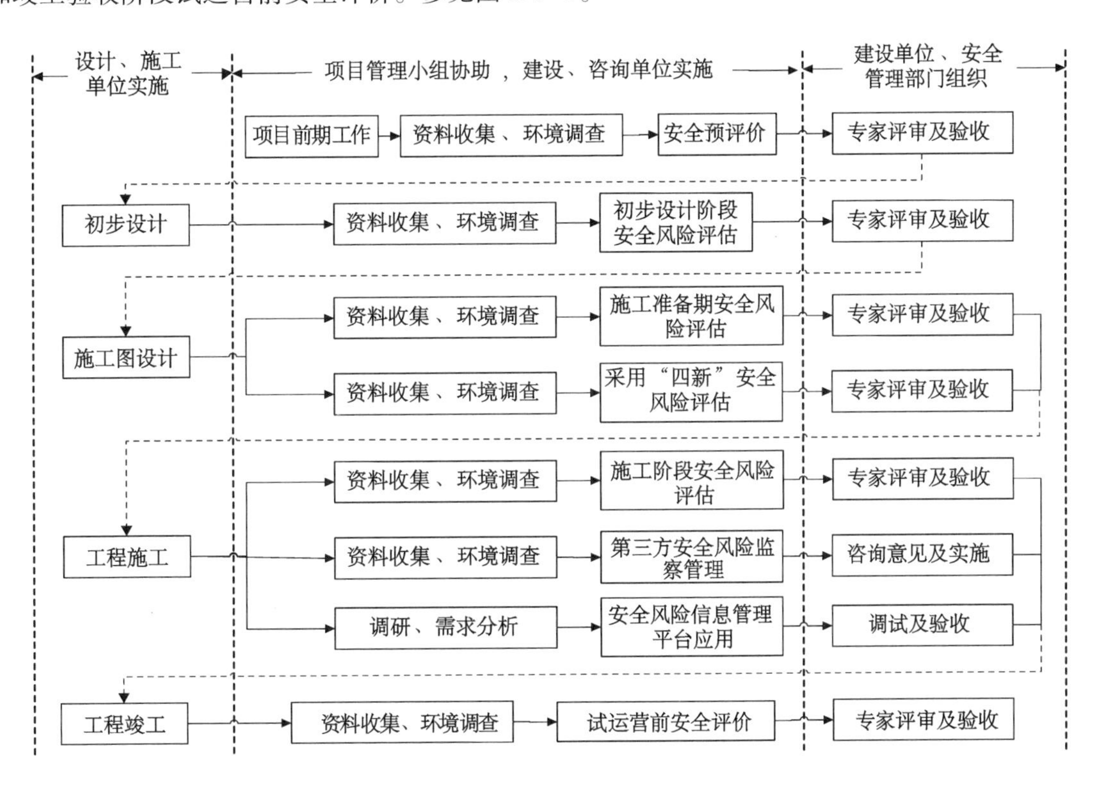

图3.3-1 广州地铁工程建设“六评”总体流程

“六管”针对政府及主管部门、建设单位、设计（勘察）单位、施工单位、监理单位和第三方安全风险监察单位（包括第三方监测），主要管理手段为方案审查、风险源跟踪与动态评估、现场巡查、工程监测数据分析、风险排查，主要管理流程见图 3.3-2。

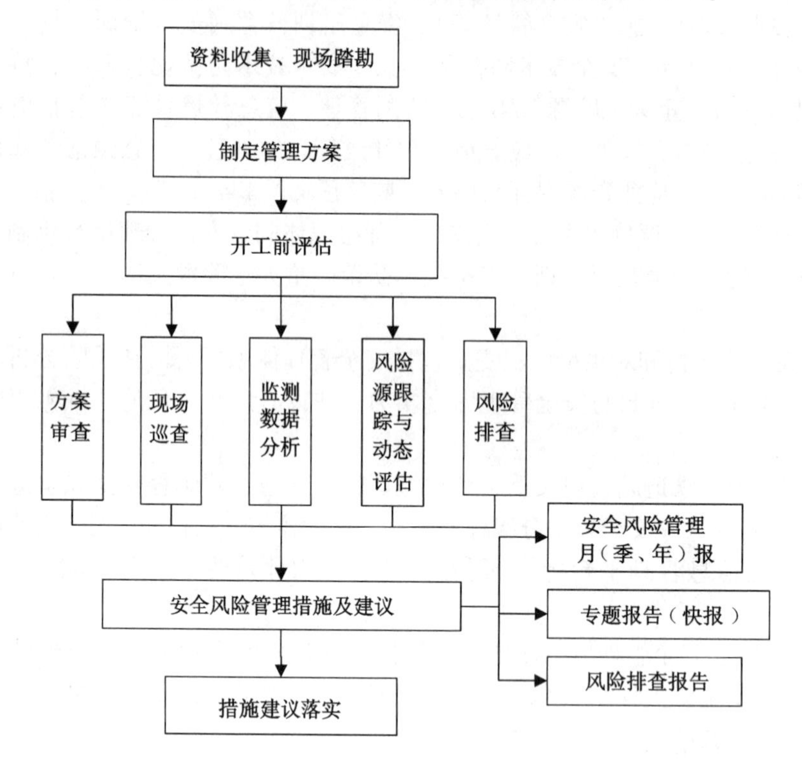

图 3.3-2　广州地铁工程建设“六管”总体流程

“一平台”指安全风险管理信息平台。

通过研究，建立健全了一套完善的安全风险管理模式、制定了一套合理的安全风险分级标准、形成了多项风险评估与管理成果、研发了一个科学的信息化管理平台，并在广州地铁全面应用，取得了良好的安全风险管控效果和社会经济效益。

3.3.5　天津

天津市建设管理委员会组织市轨道交通工程指挥部、市地下铁道集团有限公司制定了《天津市轨道交通地下工程质量安全风险控制指导书》（建科教［2009］288 号）、建立了《安全风险预控管理体系》，作为轨道交通工程建设安全风险控制的制度文件专册，对轨道交通地下工程建设的建设管理、勘察设计的风险源识别、施工的风险防范预控、工程监理、政府监督和风险点位条件验收等方面进行了规定，并全面宣贯实施。具体章节内容包括：

1. 总则；

2. 地下工程安全分级（包括分级原则、深基坑安全定性分级、盾构隧道安全定性分级、安全分级的管理、特殊安全分级情况）；

3. 建设管理（包括工程程序、工程质量安全风险控制）；

4. 岩土工程勘察；

5. 工程设计；

6. 工程施工（包括工程程序、施工质量安全风险控制因素、施工质量安全风险控制要点、深基坑施工质量安全风险控制、盾构隧道施工质量安全风险控制、工程监测）；

7. 工程监理；

8. 工程监督（包括工程程序、质量监督、安全监督）。

另外，还制定了《天津市城市轨道交通工程重点建设环节质量安全管理办法》、《天津市建设工程重大危险源管理办法》、《天津市建设工程重点建设环节施工条件验收管理办法》、《天津市城市轨道交通工程盾构机安全评估管理办法（试行）》、《天津市地下工程第三方监测管理办法（暂行）》、《天津市地下工程降水管理办法（暂行）》和《天津市轨道交通工程事故和风险控制技术资料汇编》、《安全风险事故预防及处理指南》等，为全过程规范化、制度化和动态化质量安全风险管理提供了有力的保障。建立了以建设单位为总负责的安全风险层级管理体系，组建了集团级安全监控中心（设在指挥部）、建设管理中监控分中心心，通过研制建立的信息监控中心（包括“天津建设工程远程数字化监督系统”和“远程视频监控管理系统”），对轨道交通工程实现强制性监控，提高了风险监管与“技防”水平。

3.3.6 重庆

重庆轨道交通集团公司自行制定了《轨道交通建设风险控制安全管理办法》（暂行），内容主要包括：

1. 组织机构与职责

实行“分级管理、分工负责、集团决策”的原则。由集团风险管理领导小组（集团公司主管领导为组长，集团公司分管领导为副组长，集团公司安保部、质环部、设计部、总师室、前期部、新线办及各建设项目管理项目部主要负责人为组员）、风险管理办公室（设在集团公司安保部，安全总监任办公室主任）、风险动态管理小组（由集团公司设计部、各建设项目管理项目部与设计、勘察、监理、监测等工程参建各方组成）、工程实施主体单位（施工单位）。要求各参建单位建立和完善风险管理体系和制度及风险预警、响应机制，并根据预警级别启动相关预案。

2. 工程规划与可行性研究阶段风险控制管理

包括线路规划方案拟定、专项审查、工程初勘与环境调查（规划阶段），工程可行性方案拟定、施工方法适用性分析、安全预评价（可研阶段）。集团公司前期部为本阶段建设单位责任管理部门。

3. 工程设计风险控制管理

包括工程详勘与环境调查，初步设计和施工图设计；勘察单位进行初始风险分级，设计单位负责进一步风险识别控制和工程设计、专项设计，编制风险评估报告。集团公司设计部为本阶段建设单位责任管理部门。

4. 招标投标阶段风险控制管理

包括招标投标文件准备及合同签订。集团公司计划合同部是本阶段风险管控窗口管理部门，承担监督管理责任；各线建设管理项目部负责编制招标文件，承担本阶段风险管理直接管理责任。

5. 施工阶段风险控制管理

包括施工准备期风险管理和施工过程风险管理工作。施工单位是本阶段风险管理具体实施单位，承担主体管理责任；监理单位是实施主体管理单位，承担综合管理责任；集团公司各建设管理项目部是本阶段建设单位责任管理部门，对本阶段风险管理工作承担监督管理责任。

另外，集团公司安全保卫部配备远程监控中心（安全咨询单位纳入），开展风险源梳理与处置方案、远程视频监控、安全监控管理平台及预警体系建设等相关风险管理工作。

3.3.7 西安

西安地铁公司于2008年委托专业咨询公司研编了《西安地铁工程建设土建风险管理体系报

告》，包括组织管理模式、相关参建方的风险管理职责（包括建设、勘察、设计、施工、监理、第三方监测、环境调查、风险管理咨询、试验检测、材料设备供应等单位）、工程建设各阶段风险管理（包括可行性研究、初步设计、施工图设计、施工招投标、施工、竣工验收等阶段）、施工突发事故应急管理等章节内容，并附有《西安地铁工程施工风险监控预警管理办法》、《地铁工程建设施工期现场巡视管理规定》、《地铁工程视频监控系统管理办法》、《地铁工程监控量测管理办法》、《西安地铁工程监控量测技术规定》、《西安地铁工程监控量测控制指标参考》、《西安地铁工程施工突发风险事件预防及应急措施参考》等8个管理或技术附件。

在此基础上，地铁公司制定并于2009年11月16日颁布实施了《西安地铁土建工程风险源控制管理办法》(市地铁司发［2009］102号文)，内容主要包括：

第一章　总则（包括目的意义、适用范围、编制依据）。

第二章　安全风险管理模式及各方职责（包括西安地铁公司安全风险管理模式、各参建单位管理组织模式、建设单位及各部门安全风险管理职责、其他参建各方安全风险管理职责）。

第三章　风险识别及分级管理程序（包括工程风险等级划分标准、风险识别及分级管理）。

第四章　风险控制管理程序（包括专项施工方案审查、风险源管理任务划分、风险源现场巡视、监控与预警、安全风险响应及处置、应急管理机制）等。

该办法是专门针对风险管理的手册，安全质量监督处负责综合监督管理（依托委托的安全风险咨询单位进行技术支撑管理），总工办、技术处、工程处分别负责初步设计、施工图设计和施工阶段的安全风险实施管理。

3.3.8　郑州

郑州市轨道交通公司于2011年委托专业咨询公司研编了《郑州市轨道交通2号线一期工程建设（土建阶段）安全管理体系》，包括：

第1章　概述（包括背景、目标、原则、依据、基本规定）。

第2章　管理模式（包括轨道公司安全管理组织模式、其他参建单位的组织模式、实施模式）。

第3章　相关参建方的安全管理职责（包括建设单位及各部门、勘察、总体设计、工点设计、施工、监理、第三方监测、风险管理咨询等参建单位）。

第4章　工程建设各阶段风险管理（包括规划、可行性研究、勘察与设计、施工招投标、施工、竣工验收等阶段）。

第5章　安全生产管理（包括管理目标、管理内容、组织机构、管理制度、参建各方的安全生产职责、安全生产管理要求）。

第6章　施工突发事件应急管理机制等。

体系并附有：《郑州市轨道交通工程视频监控系统管理办法（试行)》、《郑州市轨道交通2号线一期工程安全风险管理系统实施管理办法（暂行)》、《郑州市轨道交通土建工程建设安全质量考核办法（暂行)》3个附件。

安全质量监督处负责综合监督管理（依托委托的安全风险咨询单位进行技术支撑管理）。

3.3.9　南宁

南宁轨道交通集团有限责任公司委托专业咨询单位编制《南宁市轨道交通工程建设安全风险管理体系》，体系由总文件及体系总要求、管理文件和程序文件三部分构成。

管理文件由《建设单位各部门安全风险管理职责分工》、《工程参建各单位安全风险管理职责分工》、《施工现场安全巡视规定》、《施工安全风险动态评估管理办法》、《突发风险事件（事故）应急响应管理办法》5 个文件构成。

程序文件由《勘察设计阶段安全风险管理细则》、《工程监测管理办法》、《施工预警、响应及消警管理办法》、《施工风险监控信息报送管理办法》、《施工视频监控系统管理办法》、《安全风险管理信息系统资料录入管理规定》、《安全风险管理信息系统应用管理办法》、《危险性较大工程安全专项施工方案编制及专家论证审查办法》、《工程重要部位和施工关键环节条件验收管理办法》9 个文件构成。

轨道交通工程建设安全风险管理贯穿建设全过程，涵盖工程建设各参建主体，并重点针对土建工程施工阶段。并研制了安全风险管理信息系统，以作为落实体系和加强施工阶段安全风险信息化管控的辅助手段和重要工具。

安全质量监督部为体系和安全风险管理信息系统的归口管理部门，负责体系的使用、管理和解释。

3.3.10 其他城市

苏州的轨道交通建设公司组织编写了《风险防控指南》，建立了风险管理体系，成立了“重大风险技术管理中心”，负责设计风险巡查考核、盾构巡查、旁通道巡查、定期安全检查等，加强远程监控数据的管理；同时制定了《苏州设备安全风险防控手册》，包括设备系统风险分级等内容。

成都市轨道交通建设单位在施工阶段安全风险管理过程中，委托安全风险咨询单位提供施工全过程安全管理咨询，并且签订安全风险咨询合同。主要采用远程技术服务的方式提供服务。在远程监控系统方面：委托安全风险咨询单位为建设单位建立了远程监控系统，进行安全数据的收集、数据综合界面展示、预先设置预警值、预警响应通知建设单位。在现场巡视检查方面：安全风险咨询单位参与了现场安全联合巡视检查工作，主要对结构工程自身各类安全风险隐患和周边环境的安全风险隐患进行排查，定期形成风险巡查报告、安全质量隐患报告和重大风险巡查跟踪记录。实施效果评价：通过引入安全风险咨询单位，实施远程监控信息系统，开展施工现场安全风险数据分析与现场巡视相结合的措施，施工安全得到了有效的保障。安全风险管理成效较好。

南京市轨道交通建设单位在施工阶段安全风险管理过程中，委托安全风险咨询单位提供施工全过程安全管理咨询，并且签订安全风险咨询合同。主要采用远程技术服务的方式提供服务。在远程监控系统方面：委托安全风险咨询单位为建设单位建立了远程监控系统，开展了监测数据的分析工作，主要利用施工监测和第三方监测的数据开展数据分析和处理，每日对重大风险数据进行提示。在现场巡视检查方面：安全风险咨询单位参与现场安全联合巡视检查工作，主要对结构工程自身各类安全风险隐患和周边环境的安全风险隐患进行排查，定期形成风险巡查报告、安全质量隐患报告和重大风险巡查跟踪记录。实施效果为：通过引入安全风险咨询单位，实施远程监控信息系统，开展施工现场安全风险数据分析与现场巡视相结合的措施，施工安全得到了有效的保障。安全风险管理成效较好。

第4章 城市轨道交通工程安全风险管理体系建立思路与要点

4.1 总体思路

首先，城市轨道交通工程建设安全风险管理体系应参照国际上通行的ISO体系框架，并立足自身城市轨道交通工程建设安全风险管理特点和工程需求进行构建。如应包括安全风险管理体系的原则、目标、内容大纲、程序、标准等基本内容，其中安全风险管理内容须包括目标指标、组织机构与工作分工、工作内容、工作程序与过程控制、技术及管理标准、工作成果与记录、考核监管等方面内容。

其次，城市轨道交通工程建设安全风险管理体系应有明确的目标和理念。安全风险管理体系的总体目标与ISO质量管理体系基本一致，即：（1）人人有职责；（2）事事有程序；（3）作业有标准；（4）体系有监督；（5）不良有纠正。具体目标是如何通过一些可靠的管理方法，预防、减轻甚至消除风险的出现，包括：严格落实国家、行业和地方现行法律法规、政策文件规定和工程建设标准及技术规范的有关规定，建立健全贯穿城市轨道交通工程建设全过程、涵盖参建各方和加强与提升企业自身安全质量管理的安全风险管理体系，为工程建设安全风险管控进行顶层设计，为风险评估、现场风险监控管理和信息系统平台研制与应用等提供制度保障和工作指导纲领性文件，持续促进城市轨道交通工程建设安全风险管理工作的系统化、规范化和精细化，最大限度地规避工程建设安全风险，确保结构和环境安全，合理控制工程投资和进度，有序推进和有效实现工程建设安全、质量、功能、成本、效率五目标的平衡和统一等。

从构建理念上看，安全风险管理体系应该是全员参与、涵盖各参建主体、贯穿工程建设全过程和各建设环节、预防与预控为主、过程控制、动态和闭合管理等。同时，安全风险管理体系应该是工程项目管理和建设安全质量管理的重要组成部分，既可单独形成体系制度文件，也可作为安全质量管理体系的一部分子内容。如从工作阶段和环节上，体系内容包括勘察与环境调查、规划可研、工程设计（包括总体设计、初步设计、施工图设计）、施工（包括施工准备期和施工期）及工后等轨道交通工程建设全过程或各阶段；涵盖勘察设计、施工、监理、监测等各环节。从工作内容和程序上，包括风险辨识、风险分级、风险分析与评价、制定风险控制措施与实施风险控制、预警处置、应急响应等。

再次，城市轨道交通工程建设安全风险管理体系应围绕建设项目进行，以建设单位为主体进行体系构建，需重点明确各自的安全风险管理内容、职责等，并能够与各参建单位的企业自身安全或质量管理体系协调一致。

最后，城市轨道交通工程建设安全风险管理体系构建的依据必不可少，且必须合理合规。主要来自于两方面：一是现行法规政策文件和相关技术标准的规定或要求；二是各地的安全风险管控经验及好做法，其中应重点以全国成熟地区的管理经验为基础，构建适合于当地城市轨道交通工程安全风险管理的体系文件。

4.2 安全风险管理体系建立基本流程

体系构建是一系统、复杂和持续改进的工作，首先是要熟悉掌握国家、行业、地方的现行法规标准及其相关规定；其次，应充分考虑当地城市轨道交通工程的特点、现状和需求，对当地城市轨道交通工程的特点、现状和需求的充分调研是体系构建的关键步骤，包括当地城市轨道交通建设现行管理模式、经验做法和对安全风险管理的需求等；再次，应吸纳或参考全国兄弟轨道交通建设城市安全风险体系建立及运行的经验；最后，通过将体系全面试行，在工程建设中检验并逐步完善。

体系构建的基本技术流程参见图4.2-1。

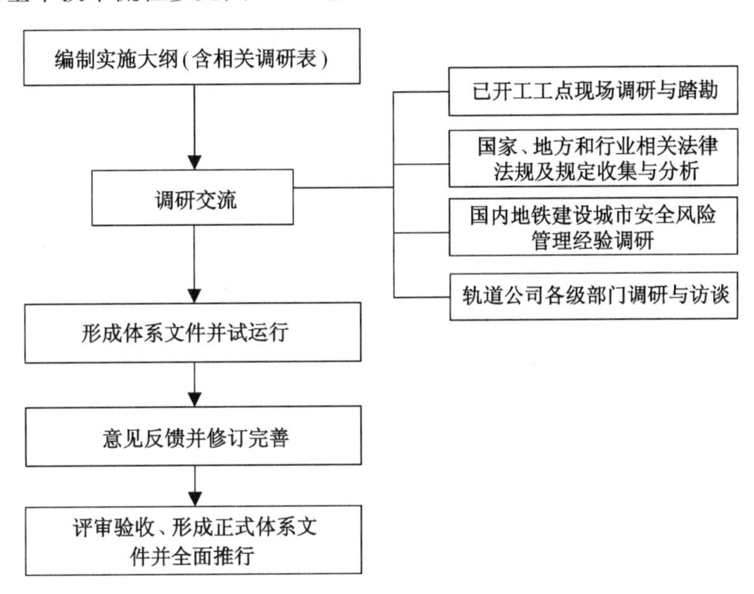

图4.2-1 安全风险管理体系构建基本流程

4.3 安全风险管理体系构成要素与内容

参照ISO质量管理体系，并结合城市轨道交通工程建设及其风险管理的特点、经验，城市轨道交通工程建设安全风险管理体系的必要构成要素和基本内容一般应包括：

- 目的、范围；
- 组织机构与职责权限；
- 安全风险管理内容与程序；
- 管理制度与技术标准；
- 安全风险管理过程控制与成果记录；
- 体系培训监督与考核；
- 体系审核改进等。

其中组织机构与职责权限、安全风险管理内容与程序、安全风险管理过程控制与成果记录、体系监督考核等是核心要素。

组织结构与职责权限既包括建设单位作为城市轨道交通总体协调管理单位的内部组织机构与职责分工，也包括整个建设项目所涉及其他各参建单位的整体组织机构与职责分工，还包括一些关键人员的配置要求；工作内容与工作程序应包括城市轨道交通工程建设全过程或各阶段、环节的安全风险管理内容及相应的安全风险管理工作程序，建设阶段一般包括规划可研、工程勘察设计、施工及竣工验收等，工作环节包括风险辨识、风险分级评估、专项设计、监控指标与预警标准、安全风险专项施工方案制定、专家论证、工程监测、现场巡视、施工安全风险状况动态评价、关键节点风险条件验收、预警、预警响应及处置、信息化管理、应急管理等。

同时，体系构成要素应与参建单位及其职能分工等结合起来考虑，除了建设单位外，尚应包括勘察、设计、施工、监理等责任主体单位，第三方监测、第三方检测、现场安全风险管理咨询服务等委托的技术或管理服务机构，以及相关政府主管部门或产权管理单位或部门。各单位对应体系要素应承担什么样的角色，如主责单位、配合单位、监督管理单位等。

4.4　目的、范围

体系构建的目的主要是为了统一规范城市轨道交通工程建设安全风险管理工作，让相关制度文件化，包括组织模式、工作内容、标准和相关工作要求等，以促进安全风险管理工作的系统化、有效性、针对性和可实施性；同时，能够对各地制定针对性的、适合当地建设规模、建设管理模式和管理经验水平的安全风险管理体系实施性文件或细则提供通用性样板和参考。

从体系适用范围上看，根据现行法规、技术标准和各地应用情况及经验，城市轨道交通工程建设安全风险管理主要针对风险突出的新建城市轨道交通地下工程，用于指导和规范以建设单位为主导针对建设项目开展的安全风险管理工作，为其他参建单位构建自身或针对项目（部）的安全风险管理体系或实施细则提供参考。

4.5　原则与依据

从原则上讲，城市轨道交通工程建设安全风险管理体系至少应遵循如下基本原则：

1. 系统性原则：从体系要素上，宜包括组织体系、责任体系、资源保障体系、技术标准与方法体系、工作程序与过程控制体系、记录体系、考核监管体系等；从风险管理工作内容与程序上，包括风险辨识、风险分级、风险分析与评价、制定风险控制措施与实施风险控制、预警处置、应急响应等；从工作阶段和环节上，涵盖规划可研、勘察设计、施工等建设全过程；从责任主体上，包括勘察、设计、施工、监理、监测、第三方服务等。

2. 预防预控原则：安全风险管理的目的与原则首先是预防为主、事前预控，以将风险控制或降低在初设阶段或萌芽状态；同时，在工程建设过程中应尽量保证工程安全可控，即便发生了风险事件，也应该是相关主体方可接受、处于受控状态，否则应及时采用预控措施；另外，由于城市轨道交通工程建设不可避免地影响到周边环境，应提前做好拆改移工作，否则应做好环境保护设计方案和施工处理措施，以确保工程施工期间周边环境的正常使用和不受破坏。

3. 全员参与、各负其责原则：既然是体系，城市轨道交通工程是一项巨大的系统工程，相关参建单位根据法律法规、工程合同等参与相应的工程建设活动（包括相应的安全风险管理工作），应该和必须承担着相应的安全风险管理责任；同时，建设单位负有项目建设安全风险管理的总体协调和监督管理责任，并确保各参建单位的职权、责任及其各自之间界面和接口关系清晰，其他相关参建单位负有相应的风险控制实体责任和合同约定的责任。

4. 全面管理、重点控制原则：城市轨道交通工程均是危险性较大工程，安全风险管理各自应全面覆盖，但对风险等级高、预警影响大的工程，应予以重点关注和监控、跟踪。

5. 持续改进原则：跟所有体系一样，安全风险管理体系应根据新颁布法规标准、已运行经验和建设管理模式调整等，适时进行修正改进，以满足现行法规标准的轨道和当前安全风险管理工作的实际需要。

从依据上讲，最重要的是现行上位法和规范性文件，主要是两法三条例《建筑法》、《安全生产法》、《建设工程质量管理条例》、《建设工程安全生产管理条例》、《建设工程勘察设计管理条例》和近年来专门针对城市轨道交通工程的一些规范性文件，如《城市轨道交通工程安全质量管理暂行办法》（建质［2010］5号）、《城市轨道交通工程质量安全检查指南（试行）》（建质［2012］68号）等；其次包括现行相关技术标准规范，如《城市轨道交通地下工程建设风险管理规范》GB 50652—2011、《城市轨道交通建设项目管理规范》GB 50722—2011、《风险管理原则与实施指南》GB/T 24353—2009等，还有一些与安全、质量、风险相关的现行相关行业和地方技术标准，以及工程建设项目所在地地方政府的政策规定、公司现行安全、质量或风险管理等相关规章制度、与其他参建各方的合同文件等。

4.6 组织机构与职责权限

4.6.1 管理模式与组织机构

建立和明确安全风险管控的管理模式及组织机构，是安全风险管理体系的重要内容和有效运行的基本保障条件之一，也是明确安全风险管理工作机制的前提。

对北京、上海、广州、成都等已建成多条轨道交通线的城市，其建设及其风险管理组织模式较为成熟，一般为三层级管理模式：领导管理层面的公司安全质量监察总部或安全监控中心，项目管理层面的建设事业总部或项目管理中心的安全质量部或风险监测部和现场执行层面的业主代表和监理、施工等单位。如北京市轨道交通建设全过程安全风险技术管理组织结构见图4.6-1，广州地铁建设安全风险管理组织机构见图4.6-2，上海轨道交通工程基坑远程监控系统运行管理模式见图4.6-3。典型施工阶段安全风险管理模式或组织构架图见图4.6-4。

对合肥、南宁、常州等轨道交通建设规模较小的城市，一般是两层级管理模式，即公司安质部、现场执行层。

从总体要求上讲，明确安全风险管理模式应遵循如下原则：

1. 项目建设单位应依据项目性质、管理模式、建设规模、工程复杂程度等，建立健全项目建设安全风险管理模式和组织机构，满足建设全过程安全风险管理的组织管理需要和有效管控安全风险的总体要求。

2. 项目建设单位应根据城市轨道交通建设项目的总体目标，通过合同文件，牵头组织和有机整合各参建单位，形成协调一致的安全风险管理模式、目标和组织机构，并对参建单位进行履约管理。

3. 城市轨道交通建设项目应根据风险等级、预警等级和应急事故等级建立相应的政府主管部门、建设单位、施工单位等在内的三级应急管理组织体系与工作机制等。

根据现行法规、标准和各地经验，明确安全风险管理组织机构应符合下列要求：

建设单位应配备与其建设管理模式、工程建设规模、建设阶段及安全风险管理内容等相适应的安全风险技术管理组织机构和管理人员，建立健全安全风险管理制度和责任制，明确或设立安全风险监管部门、实施部门以及各部门间的分工协作机制。鉴于当前第三方购买服务的政策要求和现实经验，建设单位通过委托有相应资质和经验的安全风险咨询单位协助其开展相关风险评估、专项安全咨询和施工安全风险管理等工作，取得很好的实效，值得推广应用。

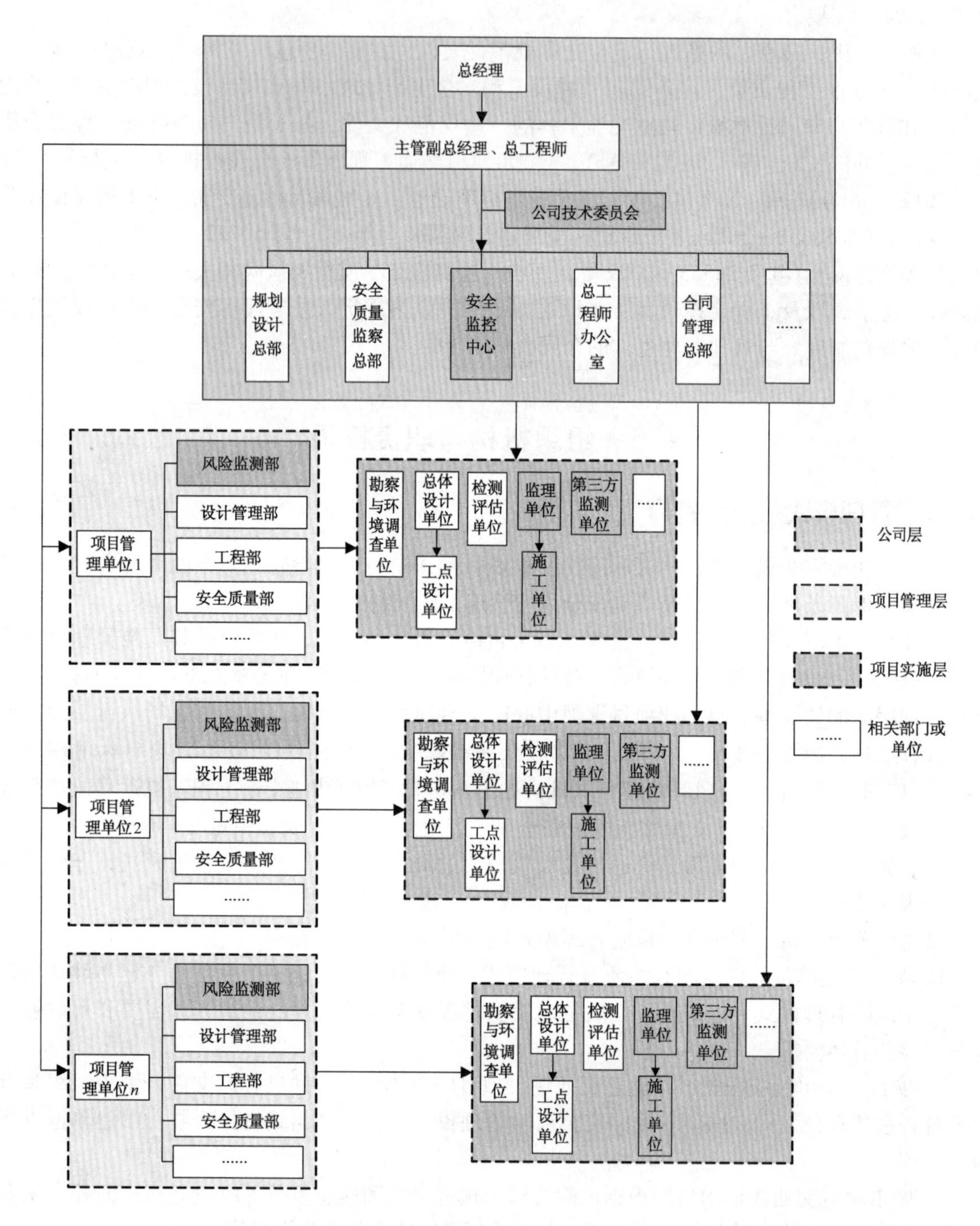

注：图中相关部门系指公司计划调度总部、项目管理单位合同部等；相关单位包括施工图审查机构、安全风险咨询单位、勘察设计咨询单位、信息平台维护服务单位等。

图 4.6-1　北京市轨道交通建设全过程安全风险技术管理组织机构

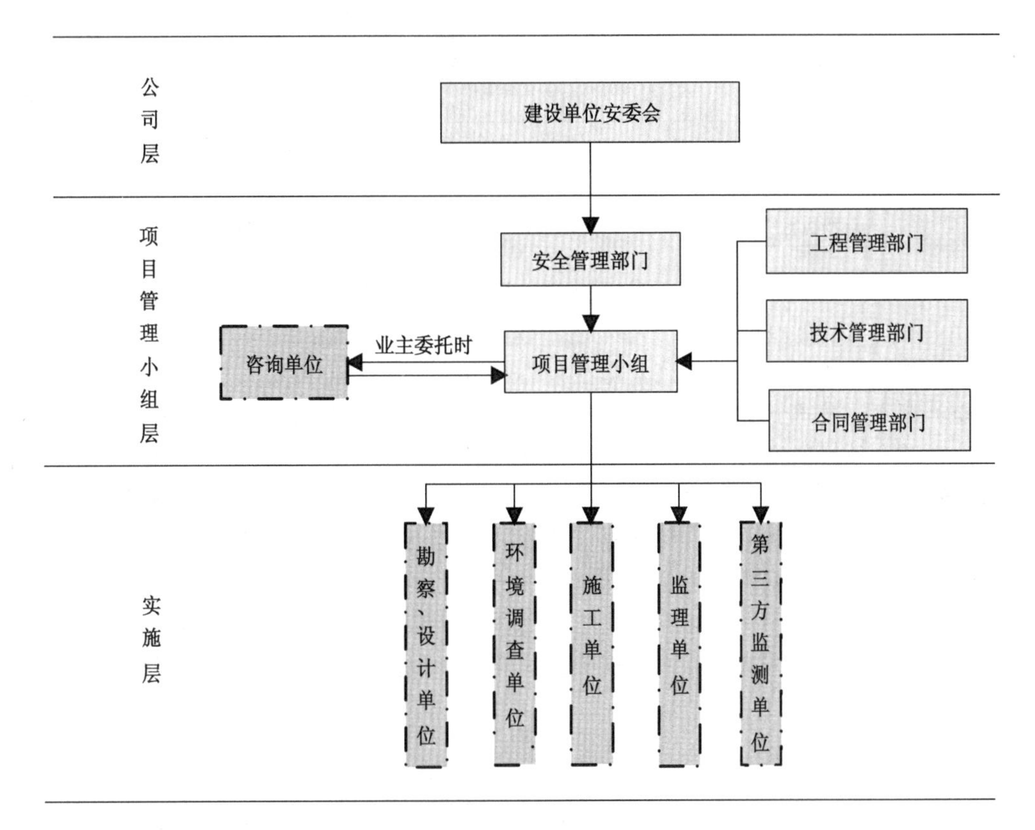

图 4.6-2 广州地铁建设安全风险管理组织机构

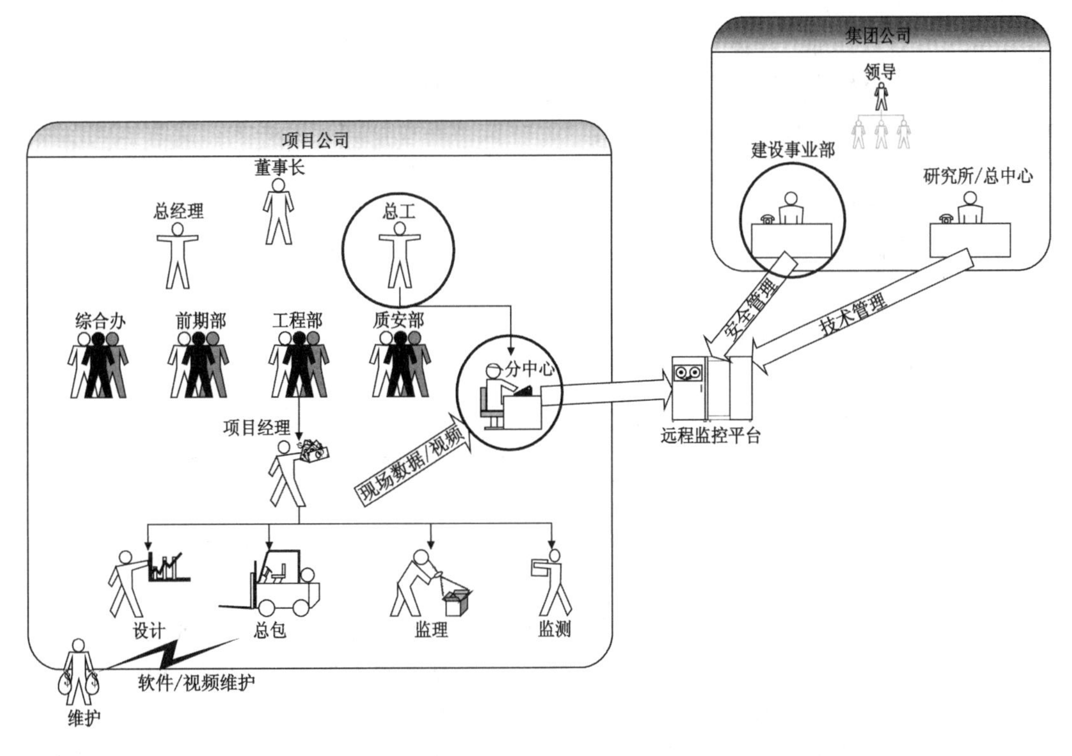

图 4.6-3 上海轨道交通工程基坑远程监控系统运行管理模式

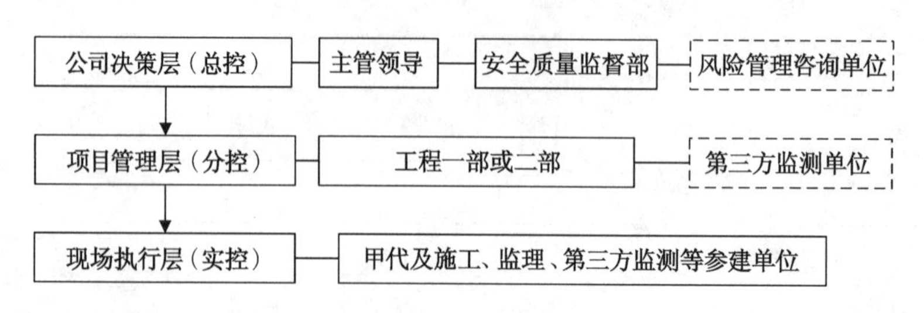

图 4.6-4　典型施工阶段安全风险管理模式或组织构架图

对其他各相关参建单位，也应该根据法规标准和合同文件，设置与项目管理模式、合同标段（或工点）规模、安全风险情况与特点等相适应的项目部安全风险管理组织机构和技术、管理人员，建立健全项目部安全风险管理制度和责任制。

政府主管部门应配备与工程建设规模、强度等相适应的安全风险管理组织机构和管理人员，建立健全相关安全风险管理制度，依法对建设、勘察、设计、施工、监理、监测等各参建单位的安全风险管理情况进行监督管理。

同时，有关政府部门和周边环境设施产权或管理单位应当支持配合城市轨道交通工程建设，提供真实、完整的环境设施状况资料和相关合理需求，以满足城市轨道交通工程建设及其安全风险管理的实际需要。

4.6.2　参建各方职责分工

从各参建单位的职责分工来讲，主要应包括建设单位、勘察单位、设计单位（包括总体设计单位、工点设计单位）、施工单位、监理单位、第三方监测等单位。

其中，建设单位应该负责工程建设项目安全风险管理的组织协调管理和对其他参建单位或合同主体单位的监督管理，具体要求有：

● 企业主要负责人对本单位的安全风险管理工作全面负责。

● 组建企业内部安全风险管理组织机构、工作机制和责任制，明确项目负责人、风险管理主管部门、风险管理实施部门及相关业务部门的职责与分工。

● 组织制定相关安全风险技术管理制度及标准，并组织教育培训、检查和考核。

● 组织、指导和监督工程参建各方实施工程建设各阶段安全风险管理工作，并依法和按照合同对工程参建各方进行履约检查考评管理。

● 组织开展周边环境调查检测工作，向勘察、设计、施工、监理、监测等单位提交安全风险管理所必需的环境调查成果资料。

● 组织对高等级风险的工程技术方案、高等级预警工程的处置方案、重大突发风险事件的应急方案和有关安全风险管理方案等进行审查或专家论证（含施工图预审、施工监测和第三方监测方案审查等），并跟踪和督导落实。

● 组织开展高等级风险的勘察设计文件交底和风险说明，按照国家相关规定组织或参与开工前条件核查和施工中重要部位和关键环节条件验收。

● 组织和监督施工、监理、第三方监测等单位进行日常工程监测、风险现场巡查、工程预警、响应处理及信息报送等工作，开展安全状态动态评估，汇总掌握全网施工风险信息，及时组织发布预警和跟踪处置，编制安全风险管理台账和相关记录。

● 组织对重大突发风险事件（或事故）的原因进行调查分析、责任追究和立案查处。

● 负责向政府主管部门汇报工程安全风险及其管理情况，配合政府主管及相关部门对安全风险管理活动的督查和重大风险事件（或事故）的调查处理。

勘察单位应根据相关标准规范、合同规定和设计要求开展勘察工作，并对勘察外业安全及勘察成果文件的真实、准确和完整性负责。主要内容和职责宜包括：

● 企业主要负责人对本单位勘察项目的安全风险管理工作全面负责，建立或明确勘察项目的安全风险管理制度和责任制，重点明确项目负责人、风险管理主管部门、风险管理实施单位或部门等的职责与分工。

● 编制勘察成果文件，落实详细勘察文件强审意见，以符合相应勘察阶段的深度要求和满足相应阶段工程设计、施工及其安全风险控制的需要。

● 勘察外业工作中严格执行勘察大纲、有关勘探施工操作规程和安全生产规定，并采取措施保护勘察作业范围内的地下管线和地下构筑物；及时回填勘探孔，确保封孔质量，避免对后期工程施工及安全风险控制等造成影响。

● 对设计、施工单位进行勘察成果文件和重点地质问题的交底说明，配合设计、施工单位及时解决设计、施工过程中与勘察、地质工作有关的问题。

总体设计单位应负责根据相关标准规范、合同规定和相关技术要求等开展所辖线路的全线总体设计工作，对总体设计质量负责。主要内容和职责宜包括：

● 企业主要负责人对本单位设计项目的安全风险管理工作全面负责，建立或明确设计项目的安全风险管理制度和责任制，重点明确项目负责人、风险管理主管部门、风险管理实施单位或部门等的职责与分工。

● 制定全线针对土建工程设计的安全风险管理要求（包括勘察、环境调查和工程设计总体技术要求、施工图预审、风险接口管理等），统一相关标准（风险分级标准、高等级环境风险专项评估需求、施工图预审、工程监测设计等）。

● 对全线各标段（工点）设计单位的设计工作进行统一协调和督查管理。

● 编制总体设计或方案设计文件及高等级风险工程清单，汇编初步设计安全风险专篇（含全线风险分级清单、高等级风险工程专项设计等），对有关设计图纸文件和技术文件进行初步审查（如降水专项设计、第三方监测设计专册、风险分级清单等）。

土建设计单位应负责根据相关标准规范、合同规定和相关技术要求等开展所辖标段（或工点）的土建设计工作，对设计文件质量和方案措施安全性、合理性和可实施性负责。主要内容和职责包括：

● 企业主要负责人对本单位设计项目的安全风险管理工作全面负责，建立或明确设计项目的安全风险管理制度和责任制，重点明确项目负责人、风险管理主管部门、风险管理实施单位或部门等的职责与分工。

● 提供岩土工程勘察、环境调查和高等级环境风险的环境安全性专项评估的技术要求或需求，参与上述工作的方案论证和成果审查验收。

● 开展风险识别、风险分级和必要的风险分析评价，制定相应的风险控制方案，编制风险分级清单或风险设计专册，对高等级风险工程进行专项设计。

● 编绘设计文件图纸和编制相关技术文件，依据工程条件变化及相应风险大小变化开展动态设计和不断优化设计方案，落实相关评审或专家论证意见和施工图文件强审意见，以符合相应设计阶段的深度要求和满足工程施工及其安全风险控制的需要。

● 施工图设计中明确工程及其周边环境的工程监测要求（含第三方监测），根据标准规范、工程类比和专家论证确定合理的工程监测控制指标（值）。

● 对监理、施工单位进行设计图纸文件和工程风险的交底说明，配合施工单位及时解决与工程设计、信息化施工及风险控制有关的问题。

● 参与施工过程中监测数据变化、高等级风险工程、高等级预警工程和险情或事故的相关技术方案的分析论证和处置，提供相关风险处理措施建议。

施工单位是现场施工安全风险控制的主体责任单位，全面负责现场项目部施工安全风险的控制和管理，主要内容及职责包括：

● 企业主要负责人对本单位施工项目（部）的安全风险管理工作全面负责，建立或明确施工项目（部）的安全风险管理制度和责任制，重点明确项目经理、风险管理主管部门、风险管理实施单位或部门等的职责与分工。

● 配置与合同标段（或工点）规模、工程安全风险情况与特点及合同规定等相适应的安全风险管理组织机构和专门人员。

● 制定安全风险控制实施细则，对项目部、施工分包单位和作业人员进行安全风险管理的培训教育和考核。

● 参加施工图设计文件的预审和勘察设计交底，并及时将审图过程中发现的问题以书面形式报告监理和设计单位。

● 开展环境核查、风险深入核查识别与风险分级调整和必要的施工地质工作，编制安全专项施工方案、应急预案（含监控实施方案）和环境保护措施，配合监理、建设单位等进行评审。

● 开工前进行施工风险预告，对现场作业人员进行技术与安全风险交底。

● 开展施工监测、现场巡视和视频监控、盾构实时监控，采集、汇总和及时上传施工监测数据、工况和周边环境巡视信息，确保监控数据、巡视信息的及时、准确报送，并进行施工风险动态评估、工程安全状态评价和必要的预警快报，定期编制监控分析报告。

● 当发现风险工程可能处于某级预警状态时，立即报监理并启动相关预案先期处理，并将实施方案、处理过程、事务记录及时上报建设单位。

● 落实建设、监理等单位反馈的预警信息、控制措施建议等，按风险工程和预警状态的不同等级，组织建设单位及相关参建单位相应负责人参与风险事务处理。

● 负责工程预警的响应、消警及险情与事故处理，并及时将处理结果报监理和建设单位。

● 建立和管理施工风险管理台账，实施必要的工程修复处理。

监理单位应负责施工监理、施工单位的安全风险监管和安全巡视工作，全面掌控合同标段或工点的安全状态，对监理工作全面负责。主要内容和职责宜包括：

● 企业主要负责人对本单位监理项目（部）的安全风险管理工作全面负责，建立或明确监理项目（部）的安全风险管理制度和责任制，重点明确项目总监、风险管理主管人员等的职责与分工。

● 明确或建立自身的安全风险监理细则，配备与工程规模相适应的安全风险监理组织机构与人员。

● 参加设计交底，督促检查施工单位进行图纸会审，并及时参与、监督施工单位将审图过程中发现的问题以书面形式报告项目管理单位和设计单位。

● 审查或组织专家评审施工单位提供的安全专项施工方案、应急预案（含监控实施方案）和环境保护措施。

● 对施工单位的体系落实、组织机构建立与人员配备、专项施工方案论证与风险交底、工程监测、现场巡视和施工风险动态评价、预警与响应处置、信息报送、条件验收等安全风险管理工作进行全面监督和管理。

● 负责安全监理交底、召开监理例会，配备专职安全监理人员进行日常巡视、安全检查等现场安全监理工作，全面、及时和真实地进行安全监理记录，定期编制安全监理报告。

● 当发现风险工程处于预警状态时，立即组织施工单位召开现场会议，采取专家论证、组织施工单位自行处理、下达安全隐患报告书、整改通知书、工程暂停令等措施进行处理，并根据预警等级及时上报建设单位和建设主管部门，并监督落实反馈意见。

第三方监测单位应负责实施第三方监测和相关安全咨询工作，确保提供的监测信息真实、准确，对第三方监测质量安全和监测及预警信息的完整性、及时性、可追溯性负责。主要职责包括：

- 企业主要负责人对本单位监测项目（部）的安全风险管理工作全面负责，建立或明确监测项目（部）的安全风险管理制度和责任制，重点明确项目负责人、监测技术人员、巡视工程师等的职责与分工。
- 建立健全第三方监测的安全风险管理组织机构，配备与第三方监测工作要求相适应的技术人员和测量作业队伍。
- 参与施工图预审、安全专项施工方案（含监测、风险控制方案）的评审论证，负责录入信息平台所需的基础资料信息。
- 负责编制第三方监测实施方案，开展第三方监测、现场巡视等工作。
- 负责整理、汇总、分析监测及巡视信息，根据预警标准发布监测及巡视预警，或提出综合预警建议，并跟踪预警响应及处置情况。完成监控数据、巡视信息和预警信息上报，并提交阶段性监测、巡视等风险管控阶段性成果。
- 参与工程预警、响应及处置工作，包括现场分析和专家论证。
- 参与突发事件应急处置，并提供相关意见和建议。

4.7 安全风险管理内容与程序

4.7.1 工程建设全过程安全风险管理总体内容与程序

工程建设全过程安全风险管理分为四个阶段：工程勘察与周边环境调查工作安全风险管理、规划及可研阶段安全风险管理、工程设计阶段安全风险管理（包括总体或方案设计、初步设计、施工图设计）、施工阶段安全风险管理（一般细分为施工准备期和施工期）。

4.7.2 勘察与环境调查工作安全风险管理

勘察工作应重点做好如下安全风险管理工作：

1. 勘察单位应根据现行标准规范、设计要求、合同规定和地方经验，严格按照勘察流程开展勘察工作，编制相应的勘察成果文件。

2. 勘察成果文件应当真实、准确、可靠，提供的地质资料及岩土参数应具全面性、合理性，结合工程特点明确说明地质条件可能造成的工程风险，并符合国家规定的勘察深度要求，满足工程设计、施工及其安全风险控制的需要。

3. 勘察外业工作中严格执行有关勘探施工操作规程和安全生产规定，并采取措施保护勘察作业范围内的地下管线和地下构筑物；及时回填勘探孔，确保封孔质量，避免对后期工程施工及安全风险控制等造成影响。

4. 建设单位应当委托开展详勘文件的审查，宜组织设计等单位开展对勘察大纲、勘察成果文件的预审论证，工程设计、施工条件发生变化（如方案变更）和施工发现地质异常时应组织开展补充勘察。

5. 建设单位应组织设计、施工等单位进行勘察成果文件和重点地质问题的交底说明，勘察单位应配合设计、施工单位及时解决设计、施工过程中与勘察、地质工作有关的问题。

环境调查应重点做好如下安全风险管理工作：

1. 建设单位应组织开展工程周边环境调查工作，确保工程周边环境调查资料满足勘察、设计、施工及其工程建设及其周边环境安全风险控制的需要。相关政府部门和产权单位应支持、配合工程周边环境调查工作，如实提供工程周边环境相关资料。

2. 城市轨道交通工程周边环境调查工作应根据现行法律法规、工程建设标准、设计要求和工程经验等开展，并及时提交给勘察、设计、施工等单位。工程需要时可委托相关单位实施专门的环境调查工作，编制环境调查成果资料。

3. 周边环境调查宜根据工程建设阶段的不同分阶段开展，不同阶段环境调查内容应满足相应阶段深度要求。

（1）可行性研究阶段应通过收集地形图、管线图等方式获取工程周边环境资料。对影响线路方案的重要工程周边环境，需进行重点调查。

（2）设计阶段应通过查询收集资料、实地调查走访和必要的现场勘查探测等手段对工程周边环境现状进行全面调查。

（3）工程需要时可对高等级环境风险和特殊要求的环境对象进行专项现状调查检测评价，对重点地下管线、水渗漏情况等进行专项调查。

（4）工程设计条件变化或工程需要时，应补充完善周边环境资料。

（5）勘察、设计、施工单位在开展自身工作时应对周边环境进行核查，通过核实已有环境调查资料、现场勘查探测等方法，并做好相关成果记录。

4. 周边环境调查的内容、范围、对象等应根据城市轨道交通工程的线路位置、敷设方式、埋置深度、结构形式、施工方法、地质条件及工程周边环境重要性等因素综合确定。

4.7.3　规划及可研阶段安全风险管理

规划及可研阶段应该在收集分析环评、灾评、震评、稳评等前期工作成果和相关审查、批复意见的基础上，开展以下安全风险管理工作：（1）现场风险调查；（2）重大安全风险因素识别；（3）规划或可研方案安全风险分析与方案比选；（4）重大关键节点工程专项风险评估等，具体要求如下：

● 现场风险调查应按照规划或可行性方案进行全线线路和站位的现场踏勘，重点调查工程影响范围内的交通流、地面道路、建（构）筑物、文物或特殊保护性建筑、地下障碍物、地下管线等。

● 重大安全风险因素识别主要针对以下情况进行：

1）邻近或穿越既有轨道线路（含铁路、高速铁路等）；

2）邻近或穿越重大或重要保护性的既有建（构）筑物（包括重要道路、重要市政管线、水利设施、古文物或地下障碍物、沿线及车站附近既有遗留工程、军事保护区及设施等）；

3）邻近、穿越或跨江河湖海；

4）深大明挖、浅大暗挖工程；

5）影响结构和施工安全的特殊不良地质条件、有害气体、大范围污染区和地下文物古迹等（包括断裂、采空区、地裂缝、岩溶土洞、地面突陷区等）。

● 规划或可研方案安全风险分析与方案比选应重点针对以下方面：

1）线路、站位选择不合理的风险；

2）不良地质条件对结构和施工安全的影响风险；

3）重要、特殊或关键节点工程的方案设计和施工方法的适用性；

4）复杂周边环境条件与工程建设相互影响的风险；

5）不同规划方案或工程建设可行性方案的建设风险比选等。

● 规划阶段宜以安全风险分析专章或专题报告形式体现在规划方案文件中，可行性研究阶段宜在可研报告文件中形成安全风险专篇或专题报告，编制主要风险清单。

● 规划及可研阶段应本着规避风险的原则，尽量避开已知的和预期将要出现的工程和环境风险，针对重大建设风险提出风险控制方案，宜采用优化可行性方案、更换施工方法等风险处置措施，并对下阶段提出工作建议。

4.7.4 工程设计阶段安全风险管理

设计阶段的安全风险管理工作应遵循“分阶段、分等级、分对象”的基本原则，面向不同设计阶段、不同安全风险等级、不同风险工程分别开展相应的风险工程设计工作，根据风险等级、评估结论和工程条件等，在风险工程设计中采取安全、合理可行和经济适用的风险控制方案或措施，保证轨道交通工程建设的自身安全及受影响的周边环境的正常使用，满足轨道交通工程建设风险控制和管理的实际需要。具体要求如下：

● 工程设计的安全风险管理应遵循“风险降低和控制”的原则，具体要求包括：

1）总体及方案设计阶段在线路走向、车站站位的选择和布置时，宜尽量避开不良地质和重要环境设施。

2）初步设计阶段应在安全、经济的基础上，通过选择合理的施工方法、围（支）护结构、地下水控制、环境保护等方案降低风险。

3）施工图设计阶段应在安全、经济的基础上，制定工程自身风险控制措施和环境设施保护措施，并给出合理的监测变形控制指标（值）。

● 建设单位宜对各设计阶段的风险识别、分析、专项评估、专项设计等工作组织审查或专家论证。

● 总体及方案设计应重点做好如下安全风险管理工作：

1）总体设计或方案设计应识别出全线重大安全风险，形成风险清单，同时针对特、一级风险工程进行安全风险初步分析，规避和降低由于线位、站位和施工工法等方案设计不合理、不安全等可能导致的安全风险。

2）总体设计或方案设计的风险分析与评价宜以专篇或专章形式体现在设计文件中。

3）对重大风险、节点工程或影响全线的线位、站位等的重大技术方案可进行专项评估或专题研究。

● 初步设计应重点做好如下安全风险管理工作：

1）初步设计阶段应针对全线开展风险全面识别、分析与分级，在此基础上给出初步的工程实施方案和风险控制措施；宜形成风险评估报告。

2）高等级环境风险工程应进行安全性专项初步设计，内容宜包括安全风险分析评价、环境监测控制标准、工程技术措施与环境安全保护设计措施、监控量测设计方案等，给出必要的断面设计和措施设计图，必要时形成风险设计专册。

3）对于地位特别重要、影响特别重大的高等级环境风险，必要时可通过各种理论分析手段进一步验证其影响程度和范围，形成专项评估报告。

4）对存在地下水控制方案比选的，应进行地下水控制方案专项设计，明确方案选择原则与依据及设计技术要点（降水或堵水）等。

● 施工图设计应重点做好如下安全风险管理工作：

1）施工图设计应针对各工点及其分项工程开展风险全面识别、分析评价与分级核查，落实工程风险处置措施，并体现在设计文件中。

2）环境风险工程设计应进行施工附加影响预测，提供变形控制指标，可分别依据规范、工程类比、工前评估、专家论证等确定。

3）对高环境风险工程或工程需要时，宜开展现状安全评估即工前评估。可委托有资质和经验的第三方设计咨询单位开展，并形成专项评估报告。

4）对高环境风险工程，应开展专项设计，形成专册。专项设计的内容宜包括：说明书包括设计依据、总体设计及其审查意见及执行情况、周边环境调查检测或评估结果、环境保护措施、施工影响预测、监控量测、变形控制指标、施工图设计优化方向与建议；图纸包括环境对象与新建地铁结构相关关系平面剖面图、环境保护措施平面剖面图、施工步序、监测设计图等。

5）对采用地下水控制方案的工程，应细化其地下水控制或处理的设计方案和风险应对措施。

6）设计文件应包括工程监控量测设计内容，内容宜包括设计依据、监测对象与项目、监测仪器与方法、监测点次、频率、设计图纸、信息反馈等，可明确第三方监测的同点监测对象、项目、频率、工作量清单。建设单位应明确第三方监测与施工监测的接口和协调关系等。

4.7.5　施工阶段安全风险管理

施工阶段安全风险管理宜分为施工准备期和施工期两个阶段，总体要求如下：

● 城市轨道交通工程施工宜采用现代化信息、网络和实时监控等技术，加强施工安全风险管理工作，确保安全风险管理的全面性、及时性和可追溯性。

● 城市轨道交通工程施工安全风险管理应制定或明确预警分级标准、响应程序、方式和内容，并依此进行预警判定和及时响应。

● 工程相关参建方在开工前和施工过程中应开展施工重要部位和关键环节条件验收，条件验收的内容、主体、程序等执行政府相关规定。

施工准备期应在勘察设计文件交底和风险说明完成后，开展如下安全风险技术管理工作：1）周边环境核查和施工地质复查；2）风险深入识别、分级调整与评估；3）安全风险管控相关方案编制；4）相关安全风险技术管理辅助手段准备；5）施工风险预告与作业交底等，并符合下列规定：

● 施工单位负责开展风险深入识别、分级调整与评估工作，宜以专章专节形式体现在安全施工方案或相关文件中，并符合下列要求：1）重点针对地质风险与环境影响风险因素，工程技术方案安全性、合理性和可实施性，施工设备工艺适用性，工程筹划合理性等方面内容；2）应根据不同的施工工法、周边环境特点等制定不同的工前安全风险评估内容与要点；3）主要根据施工勘察、环境核查结果和施工经验，并在分析掌握设计方案及其安全风险技术管理成果的基础上进行；4）如有风险等级调整，应形成风险等级调整清单，监理单位予以审查。特一级风险等级调整时应报请建设单位审查。

● 相关参建单位编制相关实施方案时，应涵盖安全风险管控相关内容，专门或以章节形式体现在方案中，并符合如下规定：1）建设单位或其委托的安全风险咨询单位宜编制安全风险管理方案；2）施工单位应按政府相关规定编制安全风险专项施工方案和组织专家论证；3）监理单位应根据国家、地方和行业相关规范和工程实际编制监理规划、监理实施细则时，宜包括施工安全风险监理相关内容；4）第三方监测单位应在施工方案和第三方监测设计的基础上，编制第三方监测实施方案，并组织专家审查。

● 明（盖）挖法、矿山法工程宜安装视频监控系统，并符合下列规定：前端摄像头宜安装在暗挖施工竖井、主体结构明挖基坑对角线及长边中点、标准断面矿山法工程开挖面、PBA工法各导洞及初支扣拱开挖面、暗挖区间大断面、其他工法暗挖车站拱部各导洞开挖面、开挖面有渗漏水、地层不稳定等处；视频监控系统应满足施工现场需求，可清晰监控现场施工状态和掌子面作业状况；视频监控系统安装完毕后应由监理组织相关方验收，合格后方可投入使用，使用过程中应有效管理、维护视频监控系统，保证系统正常运行等。

● 施工前应建立满足工程建设规模、施工安全风险管理实际需要的信息系统平台，相关参建方应及时输入信息系统平台所需的各种相关基础资料，并建立风险工程基本台账。

● 施工单位和第三方监测单位应按照设计图纸和相关规范要求编制工程监测方案，组织专家论证，严格按照方案和专家意见开展工程监测点埋设等基础工作，并宜符合下列规定：1）施工单位负责基准点和监测点的埋设，埋设过程中监理单位应旁站监理和见证；2）监理单位应组织第三方监测单位对基准点和监测点进行验收，验收记录需经项目总监理工程师和第三方监测项目负责人签字确认；3）施工监测和第三方监测单位应组织向监测技术人员、作业人员进行技术交底，并形成交底记录；4）施工监测和第三方监测单位在监测工作开始前应对基准点进行复核联测及检查，并采集和统一监测点初始值。

● 施工单位在开工前和施工过程中应结合风险等级和现场安全质量管理的实际要求，对施工作业班组、人员进行施工风险交底，宜与安全技术交底一并进行。正式施工前宜以风险预告的形式，在施工现场以可显见的方式，对施工风险进行提示，监理单位监督其执行情况。

施工期应在施工准备期安全风险技术管理成果的基础上，开展如下安全风险管理工作：1）工程监测；2）现场巡视；3）施工风险控制；4）安全状态动态评价及预警；5）预警的响应与处置；6）信息报送与施工风险台账管理等。具体内容包括：

● 施工、监理、第三方监测、安全风险咨询等单位应按照方案和工程实际需要开展风险巡视，及时填报巡视记录或撰写巡视报告；对风险隐患或预警点应加密监测和加强跟踪落实。对重大风险隐患或预警点，建设单位可组织专家巡视。

● 施工、监理、第三方监测、安全风险咨询等单位应根据工程监测、现场巡视和相关风险监控等情况进行安全状态动态评价，当超过预警标准时，应按照既定的预警程序、方法等及时发布预警。

● 当周边环境安全性受到影响或出现预警时，应加强对关键工序的监测数据分析、环境对象安全状态评定、风险处置方案评价等，并通过开展召开现场各方会、专家评议或专项评估等方法进行。

● 当达到预警时，施工、监理、第三方监测和安全风险咨询等单位应根据预警的类别、色级，按照规定的预警方式、流程等，及时发布预警，并提交有关预警处理意见或建议。

● 当施工过程发生或判定为预警时，施工单位应先加强分析和先行风险处置。施工、监理、第三方监测、安全风险咨询等单位和项目管理单位等单位应根据不同预警类型、等级组织或参与预警响应与处置，加强跟踪落实。

● 预警得到有效处置并满足消警条件后，应按有关程序及时进行消警。

● 施工过程中各相关单位应及时对监控、风险评估和预警等各类数据、信息和施工风险管控成果进行报送。出现预警时，应以电话、短信等快捷方式进行预警快报。

● 施工、监理、第三方监测、安全风险咨询等单位应做好现场巡视、监测报告、预警风险等各类记录，建立施工风险管控记录台账。

● 施工过程中当突然发生险情（含预兆）、风险事件或事故时，应先启动应急预案，采取应急措施，组织现场先期处理。有关单位应遵循政府规定和有关程序，进行相应的分级应急响应。

● 土建工程施工完成且周边环境变形稳定后，当周边环境的正常使用功能遭受不良影响或存在安全隐患时，宜对周边环境进行工后检测评估和必要的修复设计和处理。工后检测评估应委托具有相应资质和经验的检测评估单位进行。

4.8　管理制度与技术标准

4.8.1　安全风险管理关键制度

围绕着安全风险管理的工作目标和内容，必须制定相应的管理制度和技术标准。根据全国各地安全风险管理经验，针对工程建设全过程安全风险管理中特有的安全风险管理内容，应制定相应的关键制度，主要包括：

（1）安全风险评估与方案论证管理：安全风险辨识、分级、评估贯穿工程建设全过程（如初步设计阶段安全风险评估、施工准备期安全风险评估、施工过程安全风险评价等），应明确如何开展安全风险评估工作，如何对安全风险评估成果进行评审论证，如何将安全风险评估与常规的工程设计、施工、第三方监测及其方案审查等工作有效衔接起来，或者如何将有关参建单位在安全风险评估方面的工作内容及职责串联起来，需要建立一套专门的管理制度。

（2）周边环境保护管理办法：专门针对周边环境风险的管理工作，包括环境调查、现状检测、专项评估、专项设计、专项方案、现场监控、应急管理等。

（3）重大风险技术方案审查管理办法：贯穿工程建设全过程，针对高风险及危险性较大工程的设计、施工、监测等要进行重点审查把关。

（4）工程监测管理：目前全国各轨道交通建设城市大都普遍开展了第三方监测工作，对施工监测是一个重要的补充和复核。对如何协调施工监测、第三方监测在监测方案制定与评审、监测初始值联测验收、监测数据分析与异常比对、监测信息报送、监测预警等方面各自的责任与内容非常关键。

（5）现场巡视及安全风险评价的管理：现场巡视已成为施工安全风险管理的重要工作内容，其巡视信息与工程监测数据及其分析等构成安全风险评价的基础和前提。目前，施工、监理、安全风险咨询服务单位均负有现场巡视及安全风险评价的责任，那么对参建各方的现场巡视及安全风险评价的内容、范围、频次、成果、信息反馈等要求有必要进行统一规定。

（6）工程预警、处置与响应的管理：预警是施工安全风险预防预控的有效管理手段，预警还有严重程度的分级，应明确规定哪些单位有责任进行预警，根据不同的预警级别哪些单位及哪些层次的人员应进行响应，哪些单位应实施处置、监管或跟进措施，哪些单位可以进行消警，以及预警、预警处置与响应、消警的上报、审批及信息反馈流程如何等，都是工程预警、处置与响应需要解决的基本内容。

（7）风险监控与台账管理：设计中进行了风险等级划分，施工中进行了工程监测、现场巡视、安全风险评价和预警及处置等，根据安全风险管理体系的基本要求，都应及时形成记录或台账，便于分析、查阅和可追溯。

（8）信息报送管理：施工中各种监测数据、巡视信息及工程施工进度、工况工序、预警信息等是安全风险管理的信息源和基础性要求，应予以分类、归纳，明确信息报送的内容、形式、时间、频次、程序、报送主体及层级等。

（9）应急响应管理：施工安全风险管理中难免出现险情、突发风险事件甚至生产安全事故，同样应予以加强管理。

（10）视频监控管理：大部分轨道交通建设城市对在建工程采用了网络视频监控等手段，加强对现场安全风险的管理。相应地，应明确视频监控安装的单位、视频监控安装技术要求、视频监控的要点、视频监控记录及采信等。

（11）安全风险履约考核管理：安全风险管理应是工程参建各方共同参与、各负其责的一项十分重要但相对较难开展的质量安全管理工作，但目前上位法尚无明确规定。为更好地促进工程参建各方做好安全风险管理工作，可依据法律法规和合同文件，细化制定针对工程参建各方的安全风险管理履约考核管理办法，对工程参建各方的安全风险管理工作进行考核管理。

以上主要是针对建设单位或其组织制定的安全风险管理制度，对其他参建单位应同样提出基本要求，即各参建单位应根据建设单位制定的这些安全风险管理制度和工作机制，结合自身安全风险管理内容、职责及工作需要，细化制定安全风险管理制度办法，作为安全质量管理制度的重要组成部分。

4.8.2 安全风险管理相关重要技术标准

涉及安全风险管理的技术标准很多，包括诸多的设计规范、施工标准等，技术标准对于安全风险管理工作十分重要，现行规范标准没有特别明确而且可操作性较差，需要制定适合当地情况的技术标准。安全风险管理的技术标准主要包括风险分级、工程监测控制指标（值）和预警标准，具体为：

（1）风险分级

首先，要求制定合理可行的安全风险等级标准，对工程安全风险进行分级，作为后期安全风险管理的依据。

其次，城市轨道交通工程风险等级标准应根据工程特点、工程地质及水文地质条件、周边环境条件及可能造成的影响（危害）等，结合建设规模、技术经济和社会发展水平、建设管理经验等确定，且可以依据《城市轨道交通地下工程风险管理规范》GB 50652—2011，结合本地实际或参考有关轨道交通建设安全风险管理经验丰富的城市具体制定。

最后，工程安全风险分级应在风险辨识和分析评价及上一阶段分级的基础上，结合工程地质及水文地质条件、周边环境条件及其变化、设计方案或工程措施调整等，对风险等级进行动态调整，以满足相应阶段的工程深度和安全风险管理需要。

（2）工程监测控制指标（值）

对工程监测控制指标（值），应该根据现行监测规范和各地经验，由设计单位进行指定，并在施工图设计文件予以明确，并应符合下列规定：

● 监测项目控制值应根据不同施工方法特点、周围岩土体特征、周边环境保护要求并结合当地工程经验进行确定，并应满足监测对象的安全状态得到合理、有效控制的要求。

● 支护结构监测项目控制值应根据工程监测等级、支护结构特点及设计计算结果等进行确定。

● 周边环境监测项目控制值应根据环境对象的类型与特点、结构形式、变形特征、已有变形、正常使用条件及国家现行有关标准的规定，并结合环境对象的重要性、易损性及相关单位的要求等进行确定。

● 对重要的、特殊的或风险等级较高的环境对象的监测项目控制值，应在现状调查与检测的基础上，通过分析计算或专项评估进行确定。

● 周围地表沉降等岩土体变形控制值应根据岩土体的特性，结合支护结构工程自身风险等级和周边环境安全风险等级等进行确定。

● 监测等级高、工况条件复杂的工程，宜针对不同的工况条件对监测项目阶段控制值进行分解，并按工况条件控制监测对象的状态。

（3）预警标准

工程安全状态评价与预警标准，实际上也是一个风险的概念，应根据工程风险发生可能性、风险损失和可接受水平等进行安全评价和预警分级，并根据预警等级和类别进行分级响应。一般来讲，预警分为监测预警、巡视预警和综合预警，具体要求有：

● 施工安全风险管理应通过监测数据、巡视信息和有关实时监控信息等进行综合分析和提炼，对现场安全状态进行动态评估和预警，确保信息的准确性和预警响应的快捷性。

● 施工安全预警分为监测预警、巡视预警和综合预警三类，并都可根据其严重程度大小由小到大分为黄色、橙色和红色三级预警。

● 监测预警应依据施工过程中监测点的实际监测值与设计单位提出的监控量测控制指标值（包括变形量、变化速率“双控”值）进行对比，确定监测对象（工程自身或周边环境）不安全程度而进行的预警。

● 巡视预警是施工过程中通过现场巡视和分析，对工程自身或周边环境因存在安全隐患或处于不安全状态而进行的预警。应针对不同工法的结构形式、施工工序、风险特点等，制定相应工法及其周边环境设施的巡视预警项目、内容及其参考标准。

综合预警是通过进一步分析监测预警和巡视预警的级别、数量及分布范围等情况，综合判定出风险工程总体不安全状态而进行的预警。综合预警宜通过现场核查、会商和专家论证等确定。

4.9 安全风险管理过程控制与成果记录

根据安全风险管理法规、标准和体系构建的一般要求，成果记录是必要的一环，以实现过程控制和监督管理的目标。结合工程建设全过程安全风险管理工作，安全风险管理成果或记录主要包括：

各阶段的安全风险辨识、分级清单及风险评估成果报告；

勘察成果文件的地质风险交底记录；

周边环境调查成果报告；

设计各阶段风险工程设计、重大风险专项设计；

安全专项施工方案、第三方监测方案；

工程监测数据及成果；

现场巡视记录；

施工安全风险评价与管理阶段性成果（周报、月报、专项分析报告等）；

预警、响应、处置及消警管理台账；

各阶段安全风险管理成果文件或方案的评审或专家论证意见等。

4.10 体系的培训、监督与考核

培训与考核是体系得以有效贯穿执行的必要手段，需重点明确培训对象与方式、考核主体、对象与方式等。根据经验，应满足如下基本要求：

参与工程建设的各单位应对所辖项目及其人员进行安全风险管理体系的培训宣贯，制定相应的考核管理办法。上级单位或部门应定期进行检查和跟踪其落实、运行情况，并进行考核。

安全风险主管部门、项目负责人等负责组织培训和考核工作。

重点针对项目（部）风险管理实施部门、作业人员等进行培训。

建设单位可根据法律法规和合同对其他各参建单位的安全风险管理体系运行及执行情况进行履约考评。

鼓励有关单位聘请有经验和资质的第三方单位开展安全风险管理体系的建立、培训、监督审查等技术或管理服务。

4.11　体系文件及成果形式

根据前面研究成果，北京、西安、郑州、大连等城市构建了专门或较完整的安全风险管理体系，且大部分以企业制度文件形式颁布实施；上海、广州、天津、南京、重庆、沈阳、武汉、成都、杭州、苏州、合肥、南昌等地虽未构建专门的风险体系，但制定了专门或多套安全风险管理手段等相关制度文件并正式颁发；东莞、福州、石家庄、济南等地仅形成了少部分安全风险管理相关制度文件。

参照 GB/T 19001—2008 Idt ISO 9001:2008 质量管理体系要求中对质量管理体系文件的规定（如包括：形成文件的质量方针和质量目标；质量手册；本标准所要求的形成文件的程序和记录；组织确定的为确保其过程有效策划、运作和控制所需的文件，包括记录），结合当前各地安全风险管理体系构建的一般经验，城市轨道交通工程建设安全风险管理体系的文件成果的形式可以因各地实际，因地制宜制定。其中，当城市轨道交通工程建设规模较大、管理模式较复杂时，应建立一套完整的安全风险管理体系，并区分管理类、技术类或制度办法类、程序文件类。当轨道交通建设规模小、管理模式较简单时，可以制定专门的风险管理制度办法和配套的支持性技术或管理文件，并不断改进完善，但涉及安全风险管理的几项关键制度、技术标准（如风险分级与评估管理、工程监测管理、施工风险预警管理等）等不能缺失。

第5章　城市轨道交通工程安全风险管理体系运行保障

5.1　基本保障条件

安全风险管理体系建立后，只有通过运行才能发挥作用和体现价值，并且应提供体系正常运行的基本保障条件。主要包括：费用保障、合同保障、技术保障和组织保障。

费用保障：目前安全风险管理相关费用没有完全纳入工程概算，因此要求建设单位在编制工程概算时，应将安全风险管理费、第三方监测费、工程周边环境调查费、现状检测评估费、专项保护措施费等纳入概算。

合同保障：安全风险管理涉及工程参建各方共同参与，齐抓共管，并以建设单位为牵头单位，因此要求建设单位在招标投标文件和与勘察、设计、施工、监理等单位签订的合同文件中，应明确相关主体安全风险管理工作的相关内容和责任义务条款，确保各参建单位的安全风险管理工作有据可依。

技术保障：在工程参建主体各自履行好自身在安全风险管理方面的法律技术责任的同时，建设单位可根据安全风险管理的实际需求，委托第三方专业单位提供安全风险管理的技术或管理服务，如委托第三方服务机构开展设计阶段安全风险评估、施工阶段现场安全风险管理咨询服务、信息系统建设与服务工作等。其中，根据经验，工程建设阶段安全风险管理工作宜采用成熟先进的信息系统、视频监控系统，作为现场安全风险管控的技术手段、方法，以有效实现安全风险管理工作的信息化、程序性、实时性和可追溯性。同时，工程建设项目所在地规划建设主管部门或建设单位应组织建立安全风险管理专家库和相关专家论证办法，邀请专家参与安全风险重大技术方案审查论证，对安全风险管理提供技术决策支持。

组织保障：各参建单位应建立适宜的安全风险管理组织机构，明确工程建设各阶段安全风险管理的实施部门、监管部门及体系运行的归口管理部门，通过监督、检查和考核等手段，适时评价体系运行的适宜性、充分性和有效性，采取预防或纠正措施，不断优化完善体系，以满足安全风险管理的实际需要。

5.2　信息化管理

目前，全国绝大部分轨道交通建设城市将信息系统作为安全风险管理体系实现的手段和施工安全风险管控的工具，重点开展了施工安全风险监控管理和信息化管理工作。如大部分城市通过安装视频监控系统加强了对现场安全和工程风险的实时管理，北京、天津、上海、南京等地通过研制的盾构施工实时信息系统或自动化监测系统分别加强对盾构区间隧道工程和重大环境风险工程的实时监控与风险管理。

城市轨道交通工程安全风险管理信息系统应首先进行需求调研与分析，明确相应的总体结构、网络架构和业务流程，见图5.2-1～图5.2-3。

根据各地安全风险管理信息系统的建设经验，城市轨道交通工程安全风险管理信息系统的主要功能模块应包括表5.2-1所示基本内容。

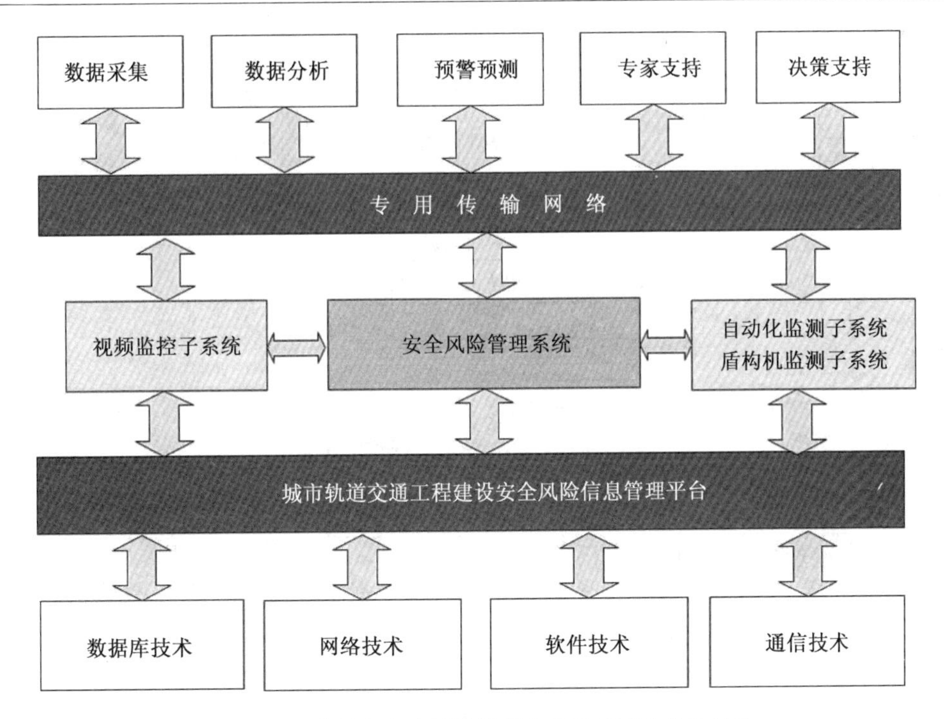

图 5.2-1 某城市安全风险管理信息系统平台总体结构

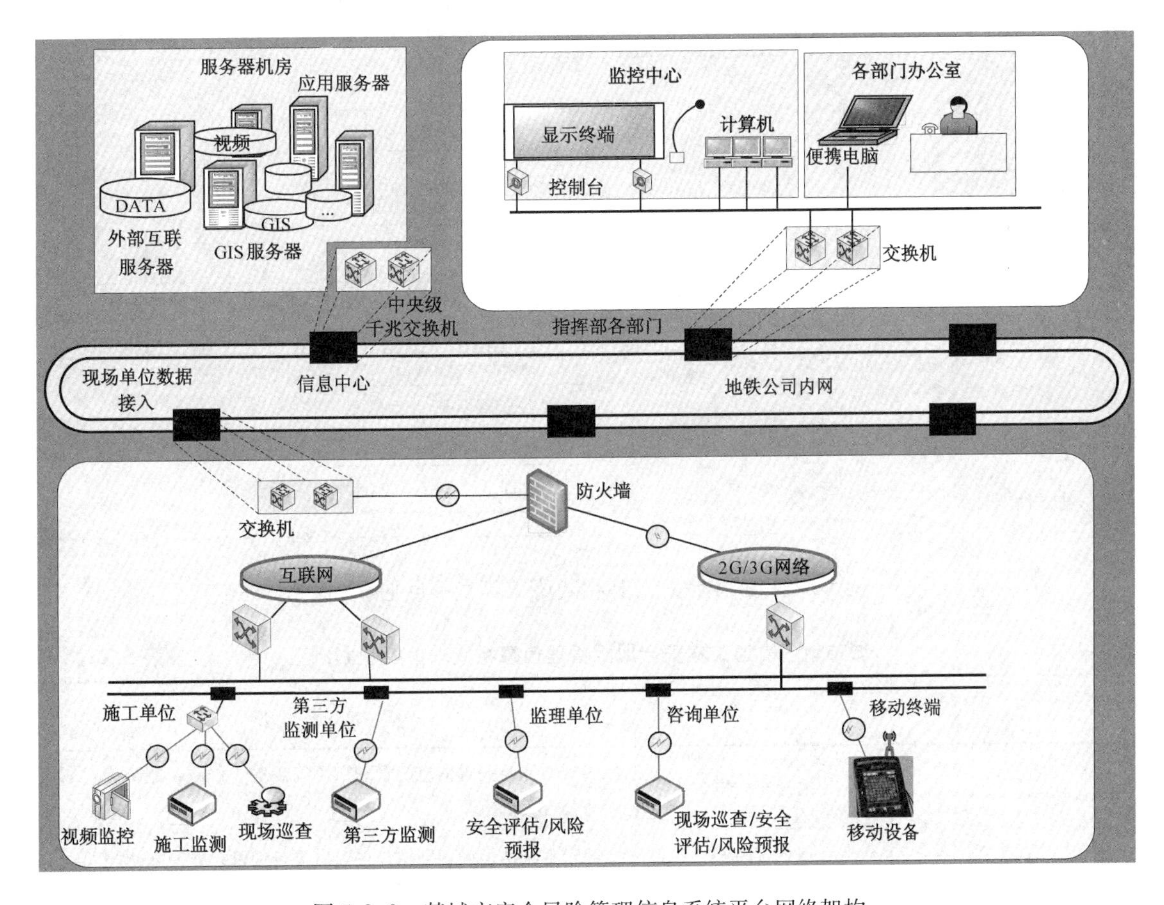

图 5.2-2 某城市安全风险管理信息系统平台网络架构

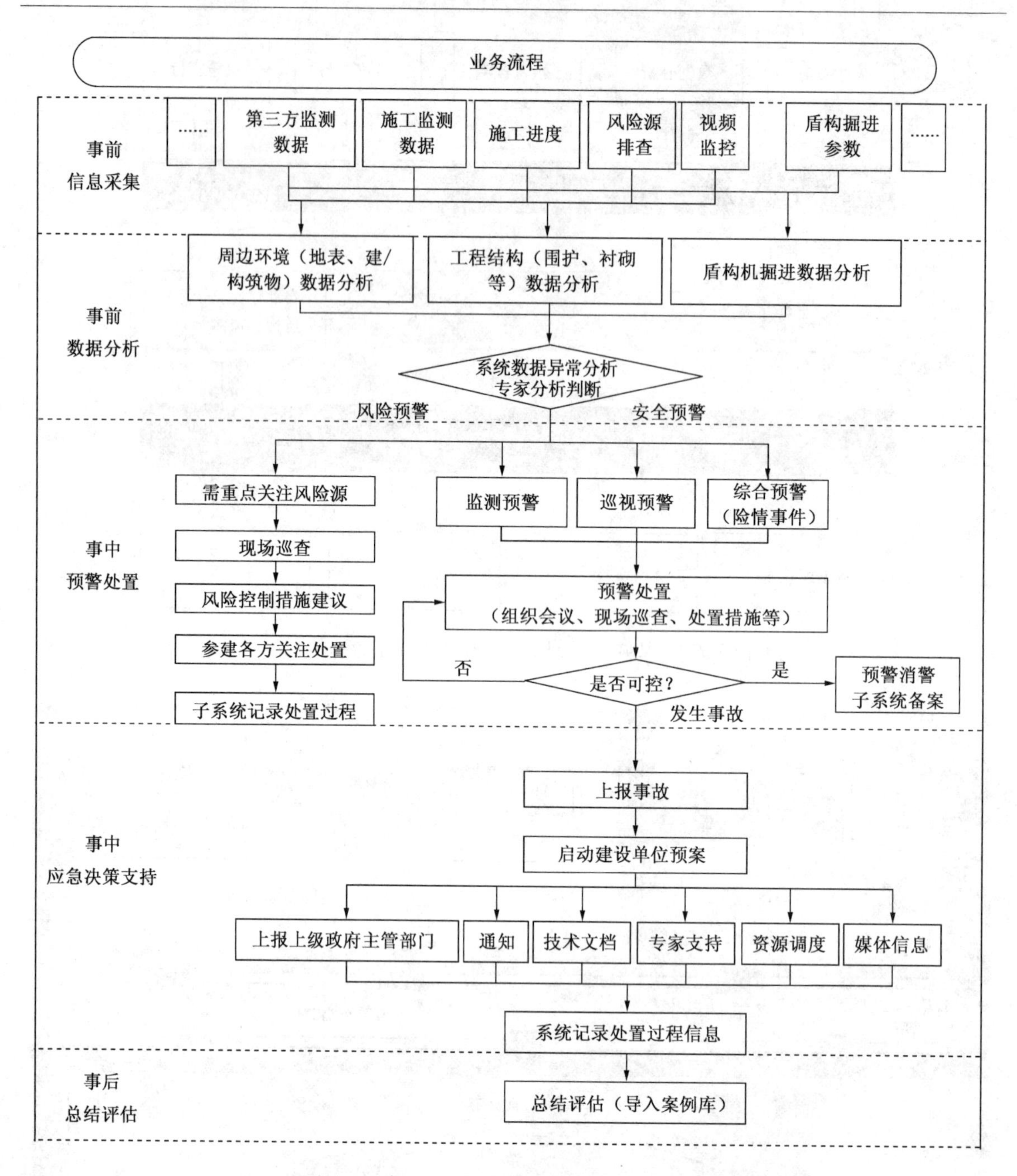

图5.2-3　某城市安全风险管理信息系统平台业务流程

城市轨道交通工程安全风险管理信息系统功能模块案例　　表5.2-1

序号	模　块	功　能	功能描述
1	综合信息	通知与公告	实现通知与公告信息的管理，可以浏览、修改、删除相应的通知与公告信息
		待处置预警	展示系统产生的预警信息，可以进行浏览、处置等
		待阅处安全整改	展示需要进行阅处的安全整改信息，可以进行浏览、处置等
		重点关注工点	展示系统中需要重点关注的工点信息

续表

序号	模块	功能	功能描述
2	监测数据分析管理	第三方监测	将第三方监测的数据进行分析展示与管理
		施工方监测	将施工方监测的数据进行分析展示与管理
		盾构施工参数	系统应提供专业的盾构分析功能，能够利用采集到的盾构信息进行盾构实时信息分析，盾构信息汇总，历史信息分析等功能
		自动化监测	将自动化设备监测的数据进行分析展示与管理需要设置
3	现场监控管理	现场巡查	将现场巡查记录进行上传、分析与管理
		安全状态评价	根据现场巡视及其异常情况，进行风险状态评价，可以查阅、处理等
4	视频门禁管理	视频监控	对现场布置的视频设备进行实时监控，可以同时浏览一个或者多个视频
		门禁监控	对现场门禁系统进行数据集成，实现实时统计
5	安全风险评估与管理	风险及案例库管理	建立各类风险信息库，各类风险的专项施工方案编制、报审、论证与实施状态，各类风险防控措施库，风险案例库等
		每日安全风险状态评估	专业分析人员对工程各站点进行每日最新评估，可以把评估结果上传到系统中，并提供批量数据录入功能
		阶段性风险监控分析报告	提供每周、每月的监控分析报告模板，模板能够通过系统自动统计工程的进展情况和最新监控数据情况，并提供固定的格式让专业人员进行分析补充
		专家分析与预测	实现对专家关于风险管理的分析与预测形成的信息进行汇总
		重大风险源监控	实现对重大风险源的清单信息管理，进行重点监控与跟踪管理
		预警管理	实现预警报警信息通过数据汇总报表、数据曲线功能、预警报警图形信息进行提示，通过事务流的形式在管理系统中发布，通过GIS系统发预警报警系统进行提示发布
		安全预警处置	实现对监测、巡查等预警的响应、消警、升级、降级等闭环管理
6	信息可视化管理	GIS系统	建立GIS系统，对线路、站点的相关各信息数据进行集成展示
		工程图纸可视化	建立包括监测量测布点图、受施工影响的周边建构物与工程的空间关系图、工程地质剖面图、施工进度图等可视化动态展示
7	工程资料管理	工程资料库	对工程资料进行分类综合管理
		图纸管理	对图纸进行管理
8	管理考核	参建单位考核	对参建各单位处理系统平台事项进行管理考核，系统应内置相关的处理流程和统计展示功能

如北方某城市轨道交通建设安全风险管理信息系统照片参见图5.2-4～图5.2-20。

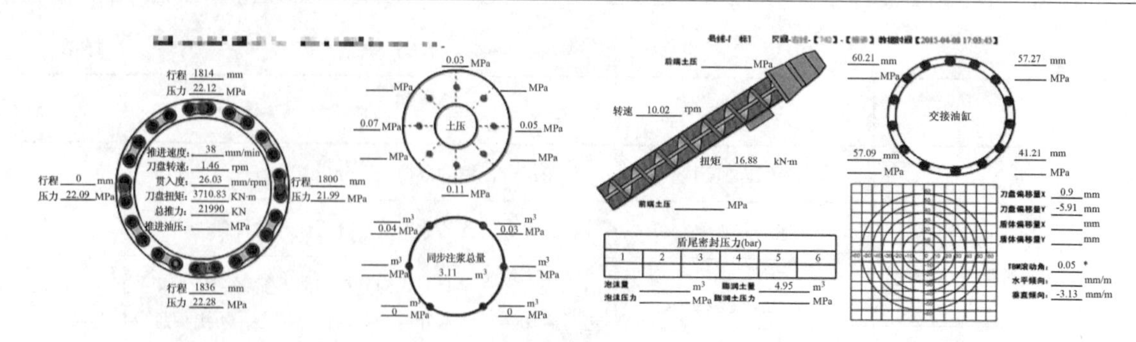

图 5.2-4　安全风险管理信息系统盾构参数实时监控图

图 5.2-5　安全风险管理信息系统远程视频监控图

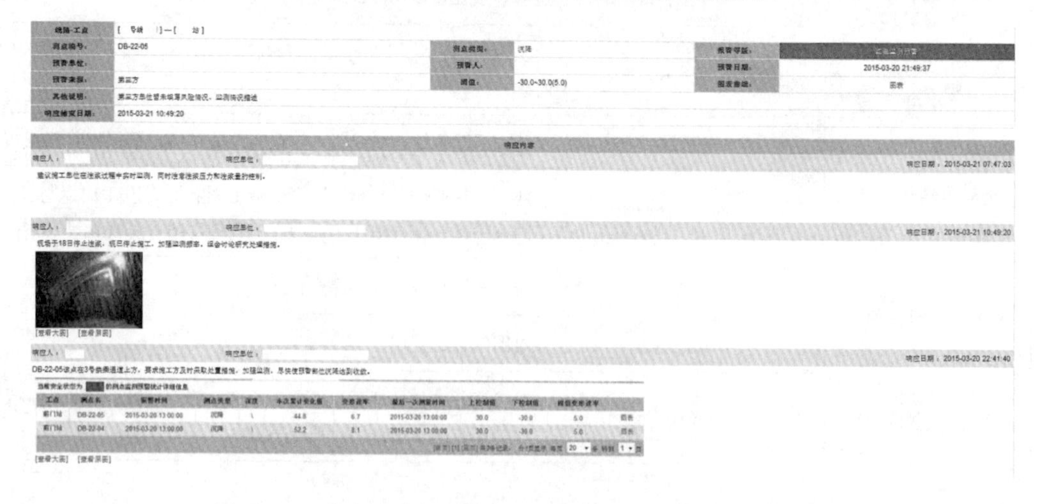

图 5.2-6　安全风险管理信息系统红色监测预警发布及响应图

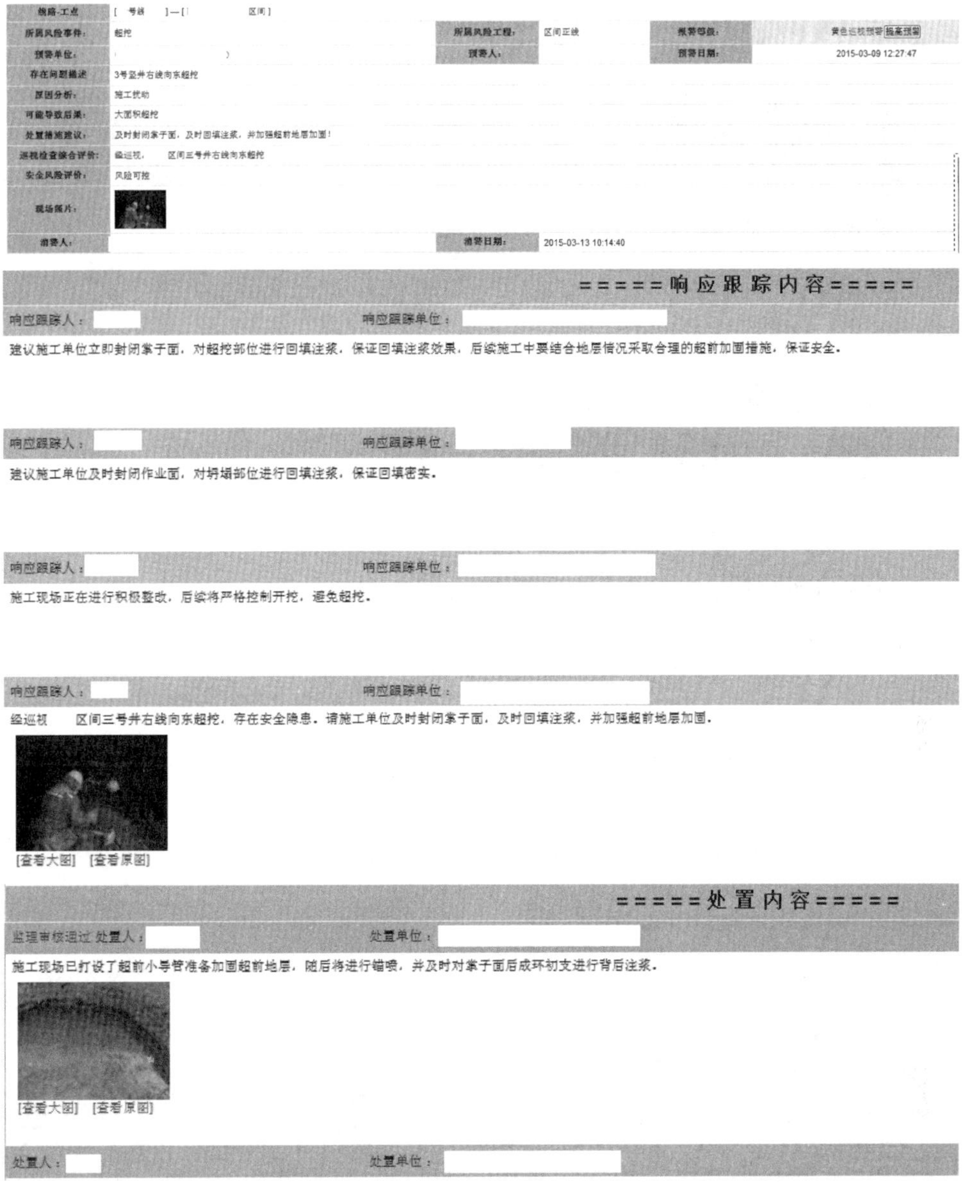

线路-工点	[号线]—[区间]				
所属风险事件:	超挖	所属风险工程:	区间正线	报警等级:	黄色巡视预警 提高预警
预警单位:	( )	预警人:		预警日期:	2015-03-09 12:27:47
存在问题描述	3号竖井右线向东超挖				
原因分析:	施工扰动				
可能导致后果:	大面积超挖				
处置措施建议:	及时封闭掌子面，及时回填注浆，并加强超前地层加固!				
巡视检查综合评价:	经巡视， 区间三号井右线向东超挖				
安全风险评价:	风险可控				
现场照片:					
消警人:		消警日期:	2015-03-13 10:14:40		

=====响应跟踪内容=====

响应跟踪人： 响应跟踪单位：

建议施工单位立即封闭掌子面，对超挖部位进行回填注浆，保证回填注浆效果，后续施工中要结合地层情况采取合理的超前加固措施，保证安全。

响应跟踪人： 响应跟踪单位：

建议施工单位及时封闭作业面，对坍塌部位进行回填注浆，保证回填密实。

响应跟踪人： 响应跟踪单位：

施工现场正在进行积极整改，后续将严格控制开挖，避免超挖。

响应跟踪人： 响应跟踪单位：

经巡视 区间三号井右线向东超挖，存在安全隐患。请施工单位及时封闭掌子面，及时回填注浆，并加强超前地层加固。

[查看大图] [查看原图]

=====处置内容=====

监理审核通过 处置人： 处置单位：

施工现场已打设了超前小导管准备加固超前地层，随后将进行锚喷，并及时对掌子面后成环初支进行背后注浆。

[查看大图] [查看原图]

处置人： 处置单位：

图 5.2-7 安全风险管理信息系统巡视预警发布、响应及处置图

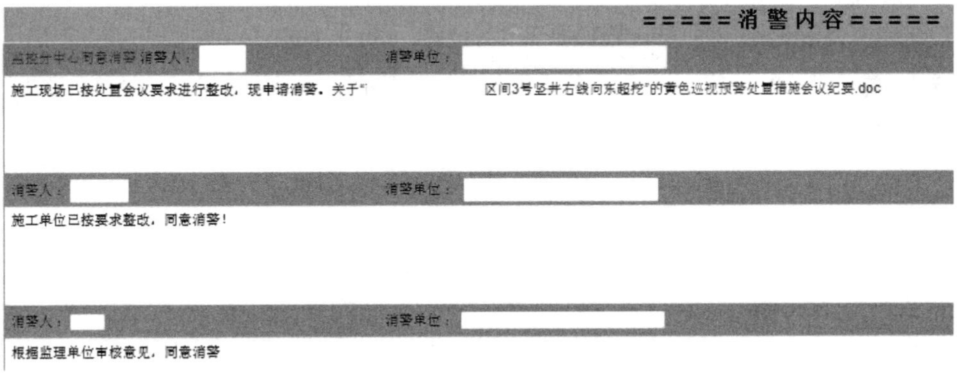

=====消警内容=====

监控分中心同意消警 消警人： 消警单位：

施工现场已按处置会议要求进行整改，现申请消警。关于" 区间3号竖井右线向东超挖"的黄色巡视预警处置措施会议纪要.doc

消警人： 消警单位：

施工单位已按要求整改，同意消警！

消警人： 消警单位：

根据监理单位审核意见，同意消警

图 5.2-8 安全风险管理信息系统巡视预警消警图

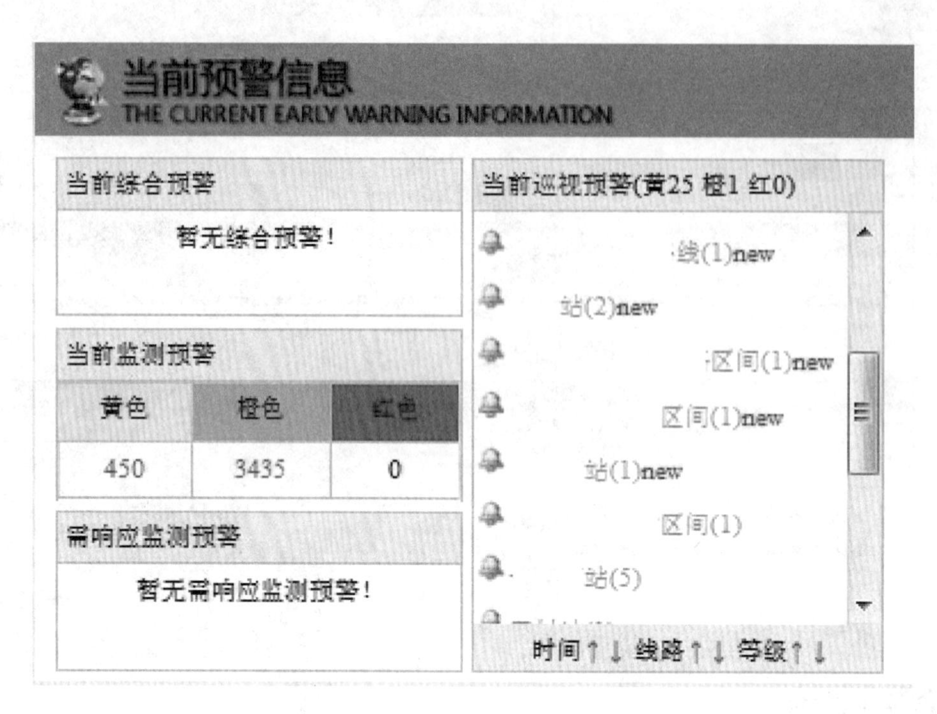

图 5.2-9　安全风险管理信息系统实时预警统计图

如南方某城市轨道交通建设安全风险管理信息系统照片参见下图：

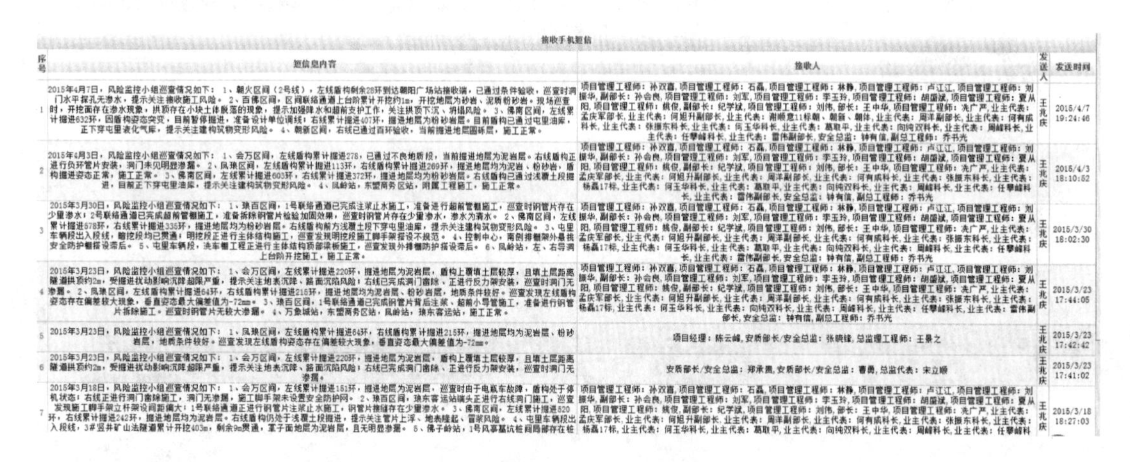

接收手机短信

序号	短信息内容	接收人	发送人	发送时间
1	2015年4月7日，风险监控小组巡查情况如下：1、朝火区间（2号线），左线盾构剩余28环到达朝阳广场站接收端，已通过条件验收，巡查时洞门水平探孔无渗水，提示关注接收施工风险。2、百佛区间，区间联络通道上台阶累计开挖约1m，开挖地层为砂岩、泥质粉砂岩。现场巡查时，开挖面存在渗水现象，拱顶存在小块土体脱落的现象，提示加强降水和超前支护工作，关注拱顶下沉、坍塌风险。3、佛南区间，左线累计掘进632环，因盾构姿态突变，目前暂停掘进，准备设计单位调线；右线累计掘进407环，掘进地层为粉砂岩层。目前盾构已通过屯里油库，正下穿屯里液化气库，提示关注建构筑物变形风险。4、朝新区间，右线已通过百环验收，当前掘进地层圆砾层，施工正常。	项目管理工程师：孙双喜，项目管理工程师：石磊，项目管理工程师：林静，项目管理工程师：卢江江，项目管理工程师：刘振华，副部长：孙会良，项目管理工程师：刘军，项目管理工程师：李玉玲，项目管理工程师：胡盛斌，项目管理工程师：夏从阳，项目管理工程师：姚俊，副部长：纪学斌，项目管理工程师：刘伟，部长：王中华，项目管理工程师：冼广严，业主代表：孟庆军部长，业主代表：何旭升副部长，业主代表：谢顺意11标朝、朝新、朝体，业主代表：周洋副部长，业主代表：何有成科长，业主代表：张振东科长，业主代表：何玉华科长，业主代表：葛耿平，业主代表：向纯双科长，业主代表：周峰科长，业主代表：任擘峰科长，业主代表：雷伟副部长，安全总监：钟有信，副总工程师：乔书光	王兆庆	2015/4/7 19:24:46
2	2015年4月3日，风险监控小组巡查情况如下：1、会万区间，左线盾构累计掘进278，已通过不良地质段，当前掘进地层为泥岩层。右线盾构正进行负环管片安装，洞门未见明显渗漏。2、凤琅区间，左线盾构累计掘进113环，右线盾构累计掘进269环，掘进地层均为泥岩、粉砂岩，盾构掘进姿态正常，施工正常。3、佛南区间，左线累计掘进603环，右线累计掘进372环，掘进地层均为粉砂岩层。右线盾构已通过浅覆土段掘进，目前正下穿屯里油库，提示关注建构筑物变形风险。4、凤岭站，东盟商务区站，附属工程施工，施工正常。	项目管理工程师：孙双喜，项目管理工程师：石磊，项目管理工程师：林静，项目管理工程师：卢江江，项目管理工程师：刘振华，副部长：孙会良，项目管理工程师：刘军，项目管理工程师：李玉玲，项目管理工程师：胡盛斌，项目管理工程师：夏从阳，项目管理工程师：姚俊，副部长：纪学斌，项目管理工程师：刘伟，部长：王中华，项目管理工程师：冼广严，业主代表：孟庆军部长，业主代表：何旭升副部长，业主代表：周洋副部长，业主代表：何有成科长，业主代表：张振东科长，业主代表：杨磊17标，业主代表：何玉华科长，业主代表：葛耿平，业主代表：向纯双科长，业主代表：周峰科长，业主代表：任擘峰科长，业主代表：雷伟副部长，安全总监：钟有信，副总工程师：乔书光	王兆庆	2015/4/3 18:10:52
3	2015年3月30日，风险监控小组巡查情况如下：1、琅百区间，1号联络通道已完成注浆止水施工，准备进行超前管棚施工，巡查时钢管片存在少量渗水；2号联络通道已完成超前管棚施工，准备拆除钢管片检验加固效果，巡查时钢管片存在少量渗水，渗水为清水。2、佛南区间，左线累计掘进678环，右线累计掘进335环，掘进地层均为粉砂岩层。右线盾构前方浅覆土段下穿屯里油库，提示关注建构筑物变形风险。3、屯里车辆段出入段线，暗挖段均已贯通；明挖段正进行主体结构施工，巡查发现明挖段施工脚手架搭设不规范。4、控制中心，南侧排栅架外悬挑安全防护棚搭设滞后。5、屯里车辆段，洗车棚工程正进行主体结构顶部梁板施工，巡查发现外排栅防护搭设滞后。6、凤岭站，左、右导洞上台阶开挖施工，施工正常。	项目管理工程师：孙双喜，项目管理工程师：石磊，项目管理工程师：林静，项目管理工程师：卢江江，项目管理工程师：刘振华，副部长：孙会良，项目管理工程师：刘军，项目管理工程师：李玉玲，项目管理工程师：胡盛斌，项目管理工程师：夏从阳，项目管理工程师：姚俊，副部长：纪学斌，项目管理工程师：刘伟，部长：王中华，项目管理工程师：冼广严，业主代表：孟庆军部长，业主代表：何旭升副部长，业主代表：周洋副部长，业主代表：何有成科长，业主代表：张振东科长，业主代表：杨磊17标，业主代表：何玉华科长，业主代表：葛耿平，业主代表：向纯双科长，业主代表：周峰科长，业主代表：任擘峰科长，业主代表：雷伟副部长，安全总监：钟有信，副总工程师：乔书光	王兆庆	2015/3/30 18:02:30
4	2015年3月23日，风险监控小组巡查情况如下：1、会万区间，左线累计掘进220环，掘进地层为泥岩层，盾构上覆填土层较厚，且填土层距离隧道拱顶约2m，受掘进扰动影响沉降超限严重，提示关注地表沉降、路面沉陷风险；右线已完成洞门凿除、正进行反力架安装，巡查时洞门无渗漏。2、凤琅区间，左线盾构累计掘进64环，右线盾构累计掘进215环，掘进地层均为泥岩层、粉砂岩层，地质条件较好。巡查发现左线盾构姿态存在偏差较大现象，垂直姿态最大偏差值为-72mm。3、琅百区间，1号联络通道已完成钢管片背后注浆、超前小导管施工，准备进行钢管片拆除施工。巡查时钢管片无较大渗漏。4、万象城站，东盟商务区站，凤岭站，琅东客运站，施工正常。	项目管理工程师：孙双喜，项目管理工程师：石磊，项目管理工程师：林静，项目管理工程师：卢江江，项目管理工程师：刘振华，副部长：孙会良，项目管理工程师：刘军，项目管理工程师：李玉玲，项目管理工程师：胡盛斌，项目管理工程师：夏从阳，项目管理工程师：姚俊，副部长：纪学斌，项目管理工程师：刘伟，部长：王中华，项目管理工程师：冼广严，业主代表：孟庆军部长，业主代表：何旭升副部长，业主代表：周洋副部长，业主代表：何有成科长，业主代表：张振东科长，业主代表：杨磊17标，业主代表：何玉华科长，业主代表：向纯双科长，业主代表：周峰科长，业主代表：任擘峰科长，业主代表：雷伟副部长，安全总监：钟有信，副总工程师：乔书光	王兆庆	2015/3/23 17:44:05
5	2015年3月23日，风险监控小组巡查情况如下：1、凤琅区间，左线盾构累计掘进64环，右线盾构累计掘进215环，掘进地层均为泥岩层、粉砂岩层，地质条件较好。巡查发现左线盾构姿态存在偏差较大现象，垂直姿态最大偏差值为-72mm。	项目经理：陈云峰，安质部长/安全总监：张晓锋，总监理工程师：王景之	王兆庆	2015/3/23 17:42:42
6	2015年3月23日，风险监控小组巡查情况如下：1、会万区间，左线累计掘进220环，掘进地层为泥岩层，盾构上覆填土层较厚，且填土层距离隧道拱顶约2m，受掘进扰动影响沉降超限严重，提示关注地表沉降、路面沉陷风险；右线已完成洞门凿除、正进行反力架安装，巡查时洞门无渗漏。	安质部长/安全总监：郑承勇，安质部长/安全总监：曹勇，总监代表：宋立顺	王兆庆	2015/3/23 17:41:02
7	2015年3月18日，风险监控小组巡查情况如下：1、会万区间，左线累计掘进161环，掘进地层为泥岩层，巡查时由于电瓶车故障，盾构处于停机状态；右线正进行洞门凿除施工，洞门无渗漏，施工脚手架未设置安全防护网。2、琅百区间，琅东客运站端头正进行右线洞门施工，巡查发现施工脚手架立杆架设间距偏大；1号联络通道正进行钢管片注浆止水施工，钢管片接缝存在少量渗水。3、佛南区间，左线累计掘进520环，右线累计掘进242环，掘进地层均为泥岩层。右线盾构仍处于浅覆土段掘进，提示关注管片上浮、地表隆起、冒浆风险。4、屯里车辆段出入段线，3#竖井矿山法隧道累计开挖403m，剩余9m贯通，掌子面地层为泥岩层，且无明显渗漏。5、佛子岭站，1号风亭基坑桩间局部存在桩	项目管理工程师：孙双喜，项目管理工程师：石磊，项目管理工程师：林静，项目管理工程师：卢江江，项目管理工程师：刘振华，副部长：孙会良，项目管理工程师：刘军，项目管理工程师：李玉玲，项目管理工程师：胡盛斌，项目管理工程师：夏从阳，项目管理工程师：姚俊，副部长：纪学斌，项目管理工程师：刘伟，部长：王中华，项目管理工程师：冼广严，业主代表：孟庆军部长，业主代表：何旭升副部长，业主代表：周洋副部长，业主代表：何有成科长，业主代表：张振东科长，业主代表：杨磊17标，业主代表：何玉华科长，业主代表：葛耿平，业主代表：向纯双科长，业主代表：周峰科长，业主代表：任擘峰科	王兆庆	2015/3/18 18:27:03

图 5.2-10　安全风险管理信息系统短信收发情况图

风险管理

风险状态 | 现场巡查记录 | 最新安全风险管理报告 | 专项报告 | 风险源 | **风险提示**

序号	标段	工点	内容
1	TJSG-1	区间	中隔墙破除可能存在拱顶沉降等风险。
2	TJSG-1	站	附属结构施工风险
3	TJSG-2	区间	联络通道施工，可能会因掌子面未及时初喷封闭，在隧道开挖过程中，可能会出现掌子面未及时初喷现象导致掌子面渗漏，坍塌在初支架设过程中，可能因拱脚虚土未清理，造成初支下沉在锁脚锚杆施工时可能会出现未按设计要求打设，导致锁脚锚杆失效，初支下沉隧道开挖过程中可能会出现初支架设不及时导致掌子面坍塌、地表沉降初支架设后可能会因机械故障或人为因素，出现初支喷锚封闭不及时。导致拱顶坍塌，地表沉降根据水文地质情况，粉细砂层及圆砾层含水里大，具有承压性，初支成型后可能会出现渗漏现象，造成地下水流失，地表沉降
4	TJSG-2	站	
			联络通道施工，可能会因掌子面未及时初喷封闭，在隧道开挖过程中，可能会出现掌子面未及时初喷现象导致掌子面渗漏，坍塌在初支架设过程中，可能因拱脚虚土未清理，造成初支下沉在锁脚锚杆施工时可能会出现未按设计要求打设，导致锁脚锚杆失

图 5.2-11 安全风险管理信息系统风险提示图

风险管理

风险状态 | **现场巡查记录** | 最新安全风险管理报告 | 专项报告 | 风险源 | 风险提示

序号	巡查事件标题
1	区间安全风险巡查报告（2015-04-07）
2	区间安全风险巡查报告（2015-04-07）
3	区间安全风险巡查报告（2015-04-07）
4	区间安全风险巡查报告（2015-04-07）
5	区间安全风险巡查报告（2015-04-03）
6	安全风险巡查报告（2015-04-03）
7	区间安全风险巡查报告（2015-04-03）
8	安全风险巡查报告（2015-04-03）
9	区间安全风险巡查报告（2015-04-03）
10	区间风险巡查报告（2015-04-02）

图 5.2-12 安全风险管理信息系统现场巡视记录

风险状态 | 现场巡查记录 | 最新安全风险管理报告 | 专项报告 | 风险源 | 风险提示

◉轨道交通1号线一期工程 ○轨道交通2号线

序号	标段	类型	风险等级
5	[illegible]	区间	[illegible]
6	TJSG-3	站	IV
7	TJSG-3	区间	IV
8	TJSG-4	站	IV
9	TJSG-5	区间	IV
10	TJSG-5	站	IV
11	TJSG-5	区间	III
12	TJSG-6	站	IV
13	TJSG-7	区间	III
14	TJSG-7	站	IV

图 5.2-13　安全风险管理信息系统施工风险动态评价图

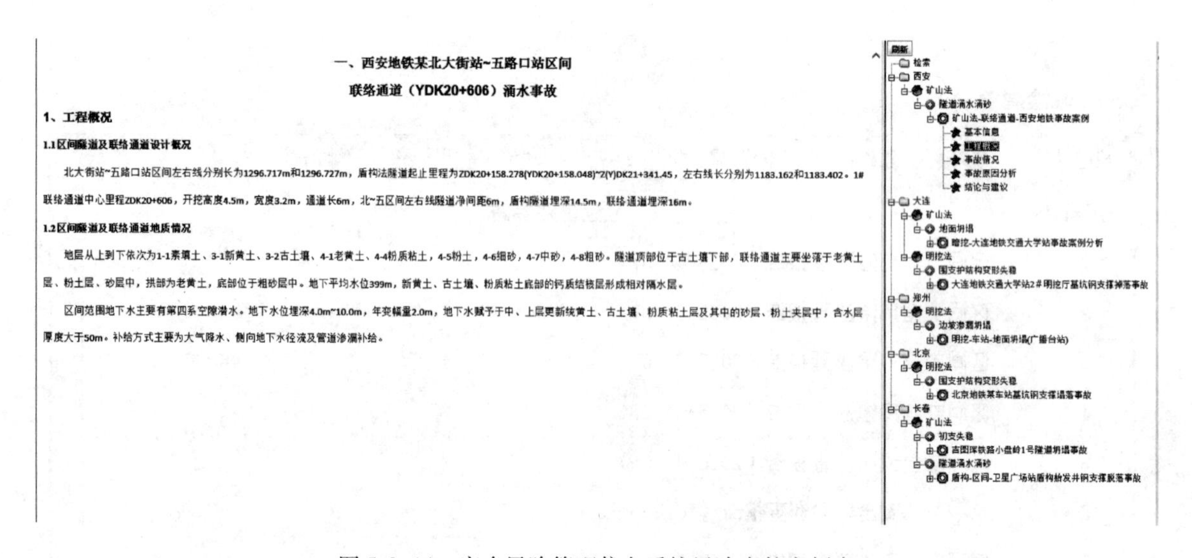

一、西安地铁某北大街站~五路口站区间

联络通道（YDK20+606）涌水事故

1、工程概况

1.1区间隧道及联络通道设计概况

北大街站~五路口站区间左右线分别长为1296.717m和1296.727m，盾构法隧道起止里程为ZDK20+158.278(YDK20+158.048)~Z(Y)DK21+341.45，左右线长分别为1183.162和1183.402。1#联络通道中心里程ZDK20+606，开挖高度4.5m，宽度3.2m，通道长6m，北~五区间左右线隧道净间距6m，盾构隧道埋深14.5m，联络通道埋深16m。

1.2区间隧道及联络通道地质情况

地层从上到下依次为1-1素填土、3-1新黄土、3-2古土壤、4-1老黄土、4-4粉质粘土，4-5粉土，4-6细砂，4-7中砂，4-8粗砂。隧道顶部位于古土壤下部，联络通道主要坐落于老黄土层、粉土层、砂层中，拱部为老黄土，底部位于粗砂层中。地下平均水位399m，新黄土、古土壤、粉质粘土底部的钙质结核层形成相对隔水层。

区间范围地下水主要有第四系空隙潜水。地下水位埋深4.0m~10.0m，年变幅量2.0m，地下水赋予于中、上层更新统黄土、古土壤、粉质粘土层及其中的砂层、粉土夹层中，含水层厚度大于50m。补给方式主要为大气降水、侧向地下水径流及管道渗漏补给。

图 5.2-14　安全风险管理信息系统风险事件案例库

标段名称	工点名称	监测点数量	黄色预警	橙色预警	红色预警	今日预警	GIS图查看
TJSG-1	区间	294	11	81	0	0	查看布置图
TJSG-1	站	289	9	21	1	0	查看布置图
TJSG-2	站	84	1	0	0	0	查看布置图
TJSG-2	区间	665	6	0	0	0	查看布置图
TJSG-3	区间	422	1	3	0	0	查看布置图
TJSG-3	站	164	3	5	0	0	查看布置图
TJSG-3	区间	582	20	53	3	0	查看布置图
TJSG-4	站	309	1	2	0	0	查看布置图
TJSG-5	区间	757	17	49	0	0	查看布置图
TJSG-5	区间	1050	21	17	0	0	查看布置图

图 5.2-15　安全风险管理信息系统监测数据上传统计

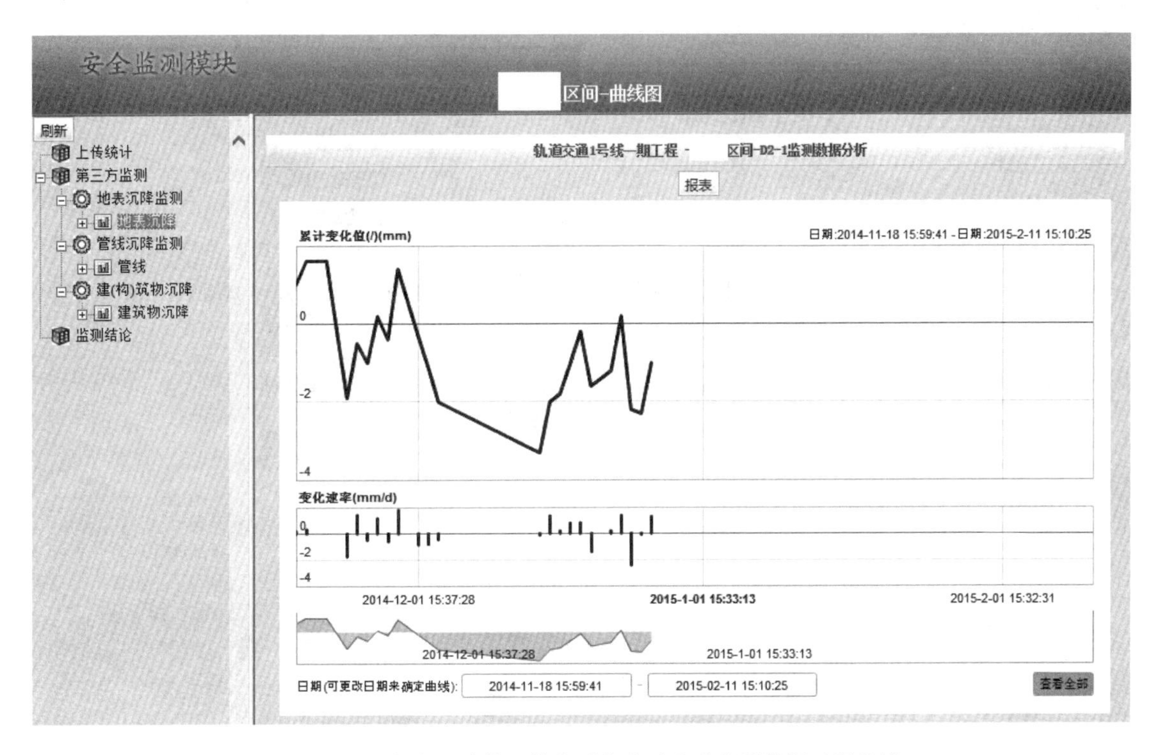

图 5.2-16　安全风险管理信息系统自动生成监测数据时程曲线

预警情况统计

序号	标段	工点	综合预警统计			巡视预警统计			监测预警统计					
									第三方监测			施工方监测		
			黄色	橙色	红色	黄色	橙色	红色	黄色	橙色	红色	黄色	橙色	红色
1	TJSG-1	区间	0	0	0	0	0	0	11	81	0	10	73	0
2	TJSG-1	站	0	0	0	2	1	0	9	21	[illegible]	16	42	0
3	TJSG-2	区间	0	0	0	0	0	0	6	0	0	1	0	0
4	TJSG-2	站	0	0	0	0	0	0	1	0	0	0	0	0
5	TJSG-3	区间	0	0	0	0	0	0	1	3	0	1	0	0
6	TJSG-3	站	0	0	0	0	0	0	3	5	0	0	0	0
7	TJSG-3	区间	0	0	0	0	0	0	20	53	[illegible]	16	76	[illegible]
8	TJSG-4	站	0	0	0	0	0	0	1	2	0	0	0	0
9	TJSG-5	区间	0	0	0	0	0	0	17	49	0	17	34	0
10	TJSG-5	站	0	0	0	0	0	0	0	0	0	0	4	0
11	TJSG-5	区间	0	0	0	0	0	0	21	17	0	5	16	[illegible]
12	TJSG-6	站	0	0	0	0	1	0	1	4	0	0	0	0
13	TJSG-7	区间	0	0	0	0	0	0	2	4	0	4	5	0
14	TJSG-7	站	0	0	0	0	0	0	0	0	0	0	0	0
15	TJSG-7	区间	0	0	0	0	0	0	25	40	[illegible]	24	10	0
16	TJSG-7	区间	0	0	0	0	0	0	1	4	0	1	0	0
17	TJSG-8	站	0	0	0	0	0	0	0	0	0	1	0	0
18	TJSG-10	区间	0	0	0	0	0	0	2	0	0	0	0	0

图 5.2-17　安全风险管理信息系统各类预警情况统计

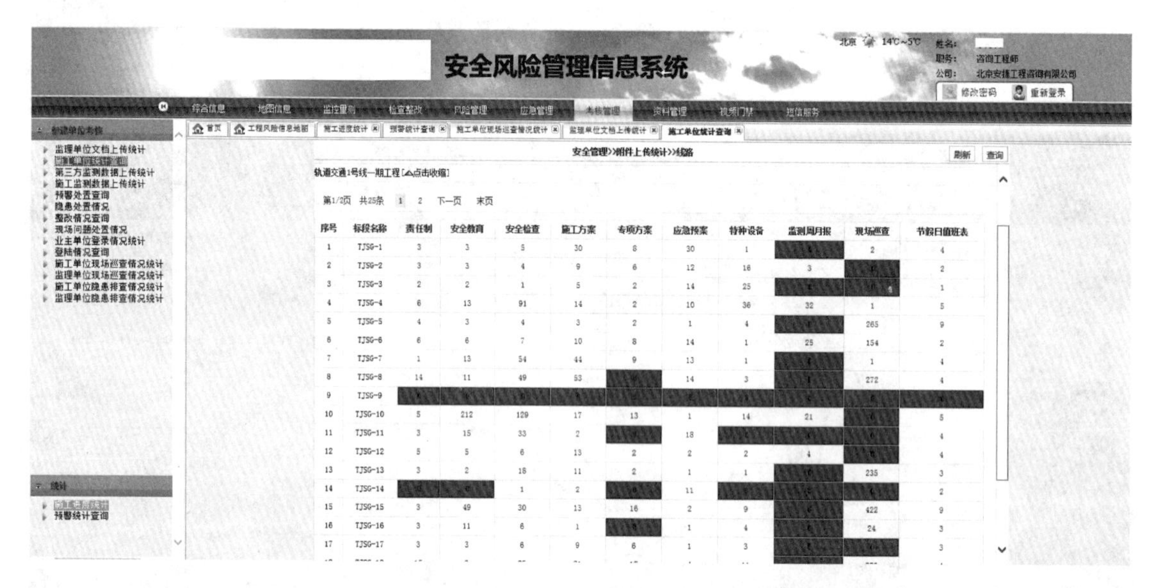

图 5.2-18　安全风险管理信息系统各参建单位履约考核管理

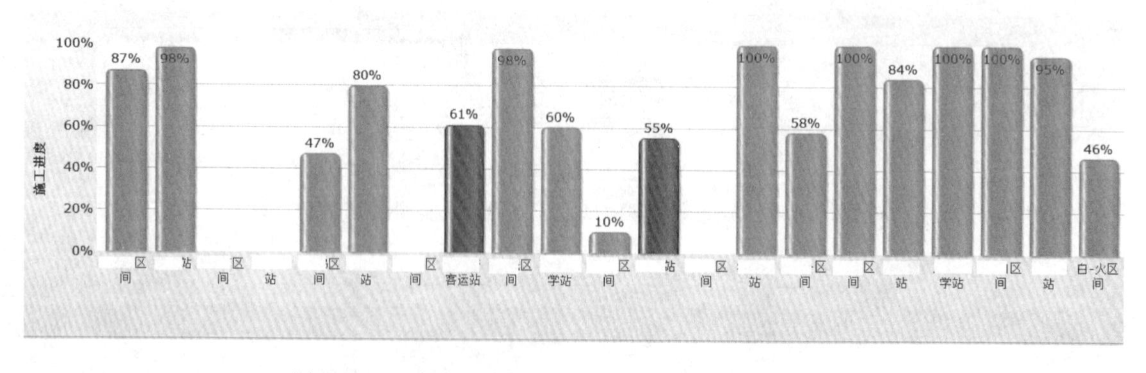

图 5.2-19　安全风险管理信息系统各工点施工进度状况

图 5.2-20　安全风险管理信息系统应急管理记录

5.3　专业咨询服务

目前，全国轨道交通建设城市在安全风险体系建设方面，绝大部分委托第三方咨询服务单位协助完成。针对安全风险管理体系所规定的内容，同时委托开展工程建设各阶段安全风险评估、施工阶段安全风险监控管理服务和信息系统建设服务工作。部分轨道交通建设城市的建设单位采用了委托第三方咨询单位开展专门的安全风险评估工作，如上海委托科研高校开展可研阶段风险预评估，西安、大连、长春、东莞等地委托专业安全咨询单位实施对初步设计、施工图或施工准备期的风险评估，形成专门的风险评估报告；北京、西安等地针对重大环境风险，委托有资质和经验的设计咨询单位开展专项安全评估工作。

在现场风险管理方面，绝大部分城市的建设单位委托了专业咨询单位或科研高校开展现场安全巡视、预警评价等工作，形成阶段性成果报告和专项风险分析总结报告，如北京、成都、重庆、大连、郑州等地；有些城市则另行或同时委托安全监理单位另行开展现场安全风险状态评价工作，内容主要是安全质量隐患管理方面，如北京、沈阳、大连、郑州、广州、昆明、武汉等城市；绝大部分城市委托工程保险单位开展了现场风险查勘工作。

因此，针对体系构建而言，当建设单位技术、管理力量不足时，可委托具备能力的专业社会机构开展安全风险管理体系的建立、培训、监督审核等技术或管理服务。具体服务内容可包括：安全风险管理体系建设和安全风险管理体系诊断评估等内容。

建立安全风险管理体系应依据国家、行业、地方相关法律法规和相关规定，现行行业标准规范，建设单位相关规章制度，建设单位与其他参建各方的合同文件等。

建立安全风险管理体系的基本程序一般包括：

（1）编制工作方案；

（2）选定体系结构方案；

（3）协助建设单位对工作方案和体系结构方案进行审核；

（4）组建体系编制项目组，调查研究与收集资料；

（5）起草体系草案；

（6）建设单位内部征求意见；

（7）根据反馈意见完善体系草案；

（8）编制体系建立作业指导书；

(9）体系的培训、宣贯与试运行；

(10）组织体系评审；

(11）体系的发布、实施与管理；

(12）体系的评价、确认与持续改进。

安全风险管理体系建设完成后，应尽快组织体系培训宣贯。

项目咨询服务机构对建设单位既有安全风险管理体系进行诊断评估，可从以下方面进行：

1）与现行法律法规和相关规定等的符合性、一致性诊断。

2）内容完整性，系统性诊断；

3）适用性诊断；

4）安全风险管理体系运行保障条件诊断等。

安全风险管理体系诊断评价须形成成果报告，主要内容应包括：

1）安全风险管理体系建设需求分析；

2）安全风险管理体系运行的有效性分析；

3）现有安全风险管理体系存在的问题分析；

4）安全风险管理体系改进措施及建议；

5）安全风险管理体系改进与完善工作方案。

第6章　城市轨道交通工程安全风险管理体系构建示例

6.1　完整型体系文件

该体系完全参考目前通行的质量管理、职业健康安全和环境管理三标一体化体系的框架进行设计。安全风险管理体系可由：1）安全风险管理手册或总文件；2）安全风险管理文件或程序文件；3）安全风险管理技术文件或支持性文件三大部分构成。

其中，安全风险管理手册或总文件是体系的纲领性文件，也是建设单位和工程其他参建各方开展安全风险管理所遵循的基本准则，对各阶段和各环节安全风险管控工作提出总体和基本要求。宜包括基本内容：

（1）方针、目标与范围；

（2）依据、标准：包括国内外与安全风险管理及体系建设相关的法律法规、技术标准、规范性文件、公司规章制度等；

（3）术语、定义：对安全风险管理及体系相关或特有的术语予以定义解释；

（4）基本规定或总要求：对安全风险管理的总体内容、程序、方法等予以规定；

（5）管理职责及分工：在明确安全风险管理组织机构的基础上，对涉及安全风险管理的相关负责人、职能部门的安全风险管理职责予以界定、明确分工和接口关系等；

（6）安全风险管理策划：明确安全风险管理体系的策划、工程建设全过程安全风险管理主体、内容、程序、方法和成果记录等策划，制定出相应的安全风险管理指标、方案等；

（7）安全风险管理过程控制：根据策划方案，明确工程建设全过程安全风险管理的过程控制要求（包括风险分级与预警标准、可研与建设规划阶段、勘察与环境调查工作、设计阶段、施工阶段、工后阶段、信息化管理等），包括安全风险管理内容实施要点、过程审核、审查、培训、检查监督等；

（8）安全风险管理运行保障：包括各种技术或管理人员资源、基础设施、工作环境、技术方法、工作手段等；

（9）安全风险管理持续改进。

并须附有安全风险管理组织机构图、工程建设全过程安全风险管理内容及要素图及安全风险管理职能分配表等基本附件。

安全风险管理文件或程序文件是体系总文件的具体实施性文件，具体针对体系总文件中涉及的每个安全风险管理内容要点，重点明确安全风险管理的控制程序，主要内容一般包括：

（1）目的；

（2）范围；

（3）相关方职责；

（4）工作程序：具体包括策划、过程实施、验证确认等；

（5）相关文件和成果记录表格等。

体系总文件中涉及的安全风险管理内容主要包括：风险分级、评估与重大风险方案论证、勘察设计风险管理、工程监测管理、现场巡视与施工风险评价管理、工程风险预警管理、信息系统平台管理、安全风险监控信息报送管理、应急响应管理等。

安全风险管理技术文件或支持性文件是体系的配套文件，以技术文件为主，针对体系总文件中涉及的安全风险管理关键技术内容，进行技术内容和要求的细化，如环境调查、检测与评估、风险工程分级与设计、地下水控制、工程监测与控制指标、施工风险巡视、评估与控制、施工风险预警标准等。

如北方某城市轨道交通建设管理单位建立了完整的安全风险技术管理体系文件，包括1个总文件、10个管理文件和7个技术文件组成，见表6.1-1。

北方某城市轨道交通建设安全风险管理技术体系文件一览表 表6.1-1

序号	文件或子文件名称
一	安全风险技术管理总文件
二	安全风险管理文件
1	重大风险技术方案审查论证（包括设计方案、施工方案等）
2	工程监测管理（包括施工监测和第三方监测单位）
3	第三方咨询服务单位管理（安全风险咨询单位、工程保险单位等）
4	现场巡视活动管理（包括专家巡视等）
5	信息系统基础信息录入与运行管理
6	视频监控管理
7	工程预警、处置及消警管理
8	施工风险监控信息报送
9	施工突发风险事件应急管理
10	安全风险管理履约考核管理办法（包括建设单位内部各部门、各工程参建主体单位）
三	安全风险管理技术文件
1	周边环境调查、检测与安全评估（包括工前、工中和工后）
2	风险分级与工程设计（包括专项设计）
3	工程监测实施细则与监测预警标准
4	监控量测控制指标参考
5	现场巡视要点与巡视预警标准
6	施工风险评估与控制［包括明（盖）挖法、矿山法和盾构法等］
7	地下水控制（包括工程降水、止水帷幕的设计与施工及暗挖洞内渗漏水治理）

其中“安全风险技术管理总文件”由9章正文内容构成。正文内容有：

（1）总则；

（2）术语与定义；

（3）基本规定；

（4）安全风险管理组织机构及职责；

（5）勘察与环境调查的安全风险技术管理（包括各勘察阶段和环境调查阶段的安全风险技术管理工作）；

（6）规划及可研阶段安全风险技术管理；

（7）工程设计阶段安全风险技术管理（包括总体设计阶段、初步设计阶段和施工图设计阶段）；

（8）施工阶段安全风险技术管理（分为施工准备期和施工期）；

（9）工后阶段安全风险技术管理。

其中，工程建设全过程安全风险管理实行三层管理，即公司层、项目管理层和项目实施层，工程建设全过程安全风险管理组织管理机构参见图6.1-1。

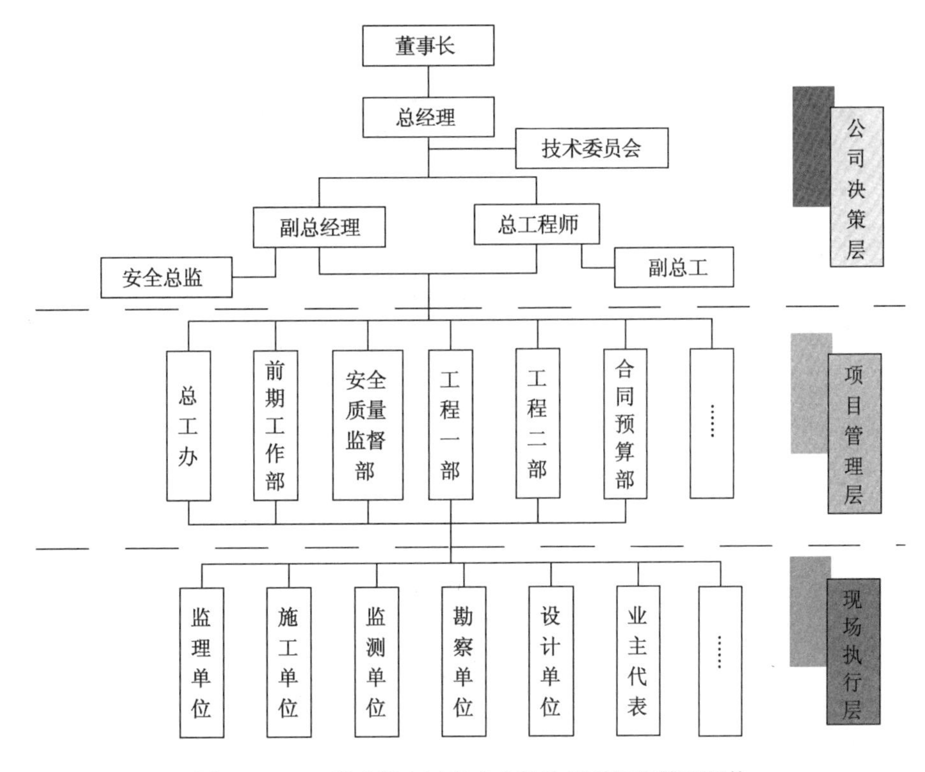

图6.1-1　工程建设全过程安全风险管理组织管理机构

同时，安全风险管理贯穿工程建设全过程，各阶段总体工作内容及流程参见图6.1-2。

每个阶段的安全风险管理工作均包括：管理目标、管理内容、管理职责、管理程序、相关技术、管理文件和工作记录表格等内容。如，设计阶段的安全风险技术管理内容包括：安全风险辨识与分级、地下水控制专项设计、地下工程抗震设防专项论证、工前专项安全性评估、风险工程设计（含专项设计）；施工准备期的安全风险技术管理内容包括：施工风险管理组织机构建立与人员配备、勘察设计文件的学习与交底、地质、环境条件核查和地层空洞普查、风险深入识别、分级调整与评估、风险专项方案编制与审查、施工风险预告与交底、信息系统建设与基础资料录入、开工条件核查验收，工程监控与安全状态动态评价、施工风险预警、预警响应与处置、信息报送、突发事件应急响应等。最后建立了工程建设各阶段安全风险管理要素及各责任主体职能分配表（不仅包括建设单位各相关职能部门，还涉及勘察、设计、施工、监理、第三方监测、安全风险咨询服务等工程参建单位）。

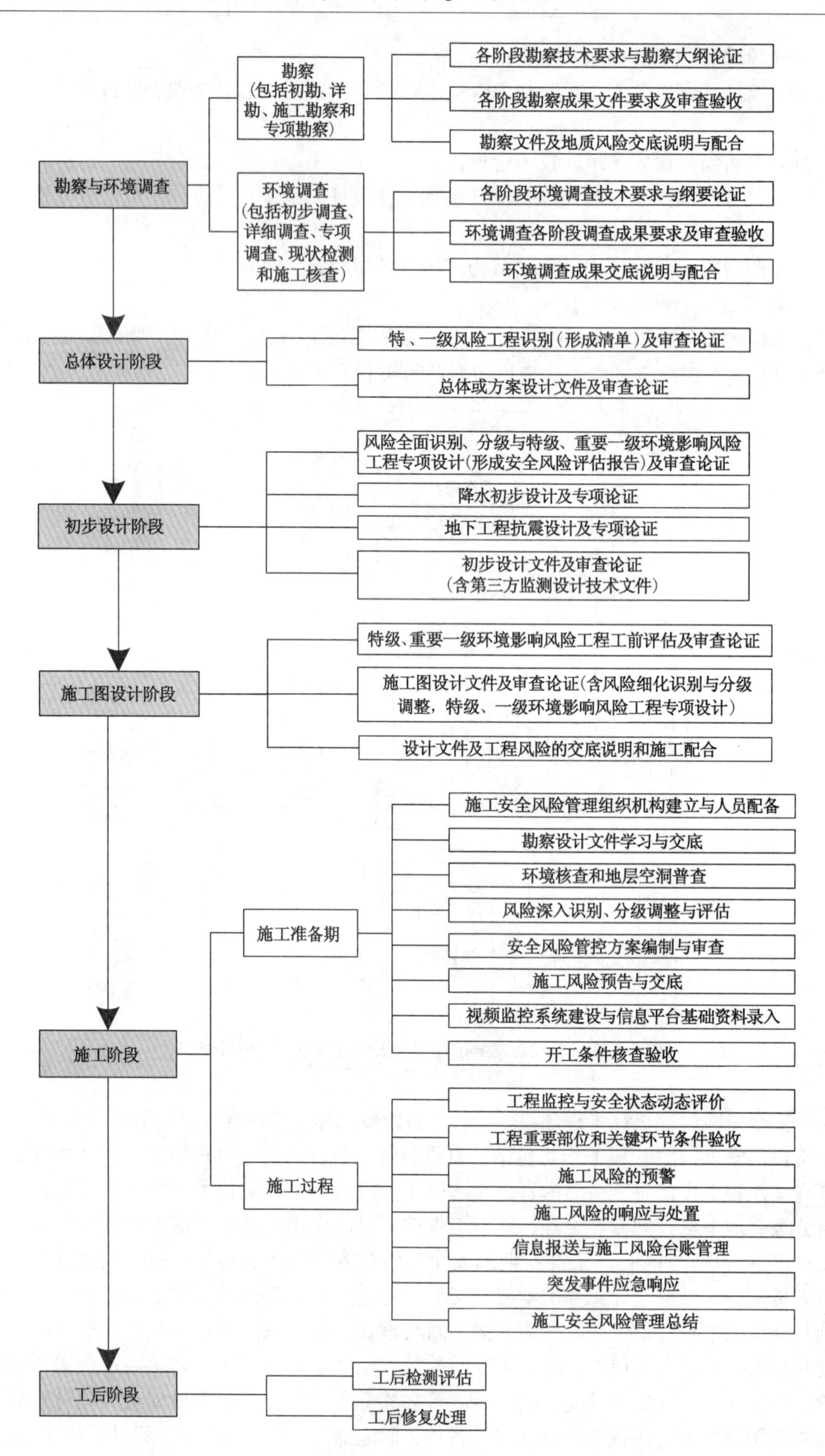

图6.1-2 工程建设全过程安全风险管理总体工作内容及流程

其中，“安全风险管理文件”之“工程监测管理”中，应重点明确如下内容：

（1）工程监测相关单位职责：包括建设单位、设计单位、监理单位、施工单位、第三方监测单位、安全风险咨询服务单位等；

（2）施工监测的管理：包括施工监测方案编制及报审、监测点埋设验收、初始值采集复核及施工前节点条件验收、施工监测工作实施、施工监测成果等；

（3）第三方监测的管理：包括第三方监测方案报审、第三方监测工作实施、第三方监测工作成果；

（4）监理对监测的管理：包括监测异常比对分析、监理对监测预警的管理；

（5）监测信息反馈；

（6）监测预警发布与处置；

（7）应急处置管理等内容。

“工程监测管理”中同时给出了工程监测相关表格、监测预警及消警相关表格等，参见表6.1-2～表6.1-5。

工程监测交底记录　　表6.1-2

<table>
<tr><td colspan="2">监测交底记录</td><td>编　号</td><td colspan="2"></td></tr>
<tr><td>工程名称</td><td></td><td colspan="3"></td></tr>
<tr><td>交底日期</td><td>年　月　日</td><td colspan="3">共　页　第　页</td></tr>
<tr><td colspan="5">交底要点及纪要：</td></tr>
<tr><td>建设单位</td><td>第三方监测单位</td><td>监理单位</td><td colspan="2">施工单位</td></tr>
<tr><td>建设单位代表
（签字）：

日期：</td><td>项目负责人
（签字 盖章）：

日期：</td><td>专业监理工程师
（签字 盖章）：

日期：</td><td colspan="2">项目技术负责人
（签字 盖章）：

日期：</td></tr>
</table>

注：本表用于第三方监测单位对施工单位的监测交底；本表一式四份，交底后各单位存档一份。

施工监测方案报审表　　表6.1-3

<table>
<tr><td colspan="3">施工监测方案报审表</td><td>编　　号</td><td></td></tr>
<tr><td>工程名称</td><td colspan="2"></td><td>日　　期</td><td></td></tr>
<tr><td colspan="5">现报上关于________________________________
施工监测方案，请予以审定。本次申报内容系第_______次申报。</td></tr>
<tr><td>序号</td><td>类　　别</td><td>编 制 人</td><td>册　　数</td><td>页　　数</td></tr>
<tr><td></td><td></td><td></td><td></td><td></td></tr>
<tr><td></td><td></td><td></td><td></td><td></td></tr>
<tr><td></td><td></td><td></td><td></td><td></td></tr>
<tr><td></td><td></td><td></td><td></td><td></td></tr>
<tr><td></td><td></td><td></td><td></td><td></td></tr>
<tr><td></td><td></td><td></td><td></td><td></td></tr>
<tr><td></td><td></td><td></td><td></td><td></td></tr>
<tr><td colspan="5">施工单位（章）：
技术负责人（签字）：　　申报人（签字）：　　申报日期：</td></tr>
<tr><td colspan="5">监理单位审核意见：
□有 /□无　附页
审核结论：□同意　□修改后再报　□重新编制
监理单位（章）：　　总监理工程师（签字）：　　审核日期：</td></tr>
<tr><td colspan="5">第三方监测单位审核意见：
□有/□无　附页
审核结论：□同意　□修改后再报　□重新编制
第三方监测单位（章）：　　监测负责人（签字）：　　审核日期：</td></tr>
</table>

注：本表由施工单位填报，建设、第三方监测、监理和施工单位各存一份。

基准点/监测点埋设（恢复）记录 表6.1-4

<table>
<tr><td colspan="2">基准点/监测点埋设（恢复）记录</td><td>编　　号</td><td></td></tr>
<tr><td>工程名称</td><td></td><td>测点类型</td><td></td></tr>
<tr><td colspan="4">测点埋设形式示意图</td></tr>
</table>

序号	点　　号	埋　设　情　况
1		
2		
3		
……		

施工单位	监理单位
结论： 监测工程师：________ 日　　期：________	结论： 专业监理工程师：________ 日　　　　期：________

注：1. 本表可将布点方式相同的测点作为一个批次共同填写。
2. 区域布点平面位置图可以作为附件附后。

监测数据比对分析表　　表6.1-5

工程名称：				监测项目：			监测日期：			
第三方监测单位：					施工监测单位：					
序号	点号	第三方监测			施工监测			数据差值		备注
		累计变化量	阶段变化量	变化速率	累计变化量	阶段变化量	变化速率	累计	阶段	速率
结论： 比对单位：__________ 数据比对工程师：__________ 比对日期：__________										
允许差异控制标准										

“安全风险管理文件”之《施工风险监控信息报送》中，重点明确了如下内容，报送流程参见图6.1-3～图6.1-5。

（1）组织结构与工程参建单位职责；

（2）一般监控信息报送（包括日常监测数据、现场巡视信息、视频监控信息等，分别针对施工单位、第三方监测单位、监理单位等的信息报送）；

（3）预警信息报送（包括各色级监测预警、巡视预警及综合预警的信息报送流程、方式、时间等）；

（4）消警信息报送（包括自动消警和人工消警）。

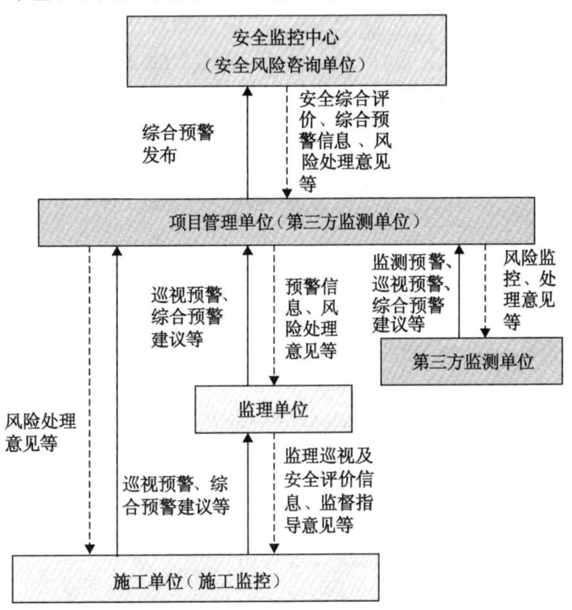

图6.1-3 一般预警信息报送流程

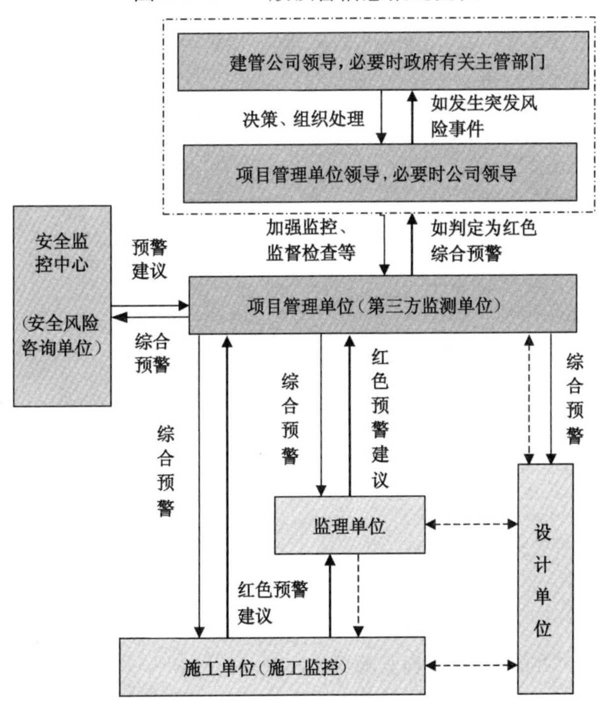

图6.1-4 红色预警快报流程

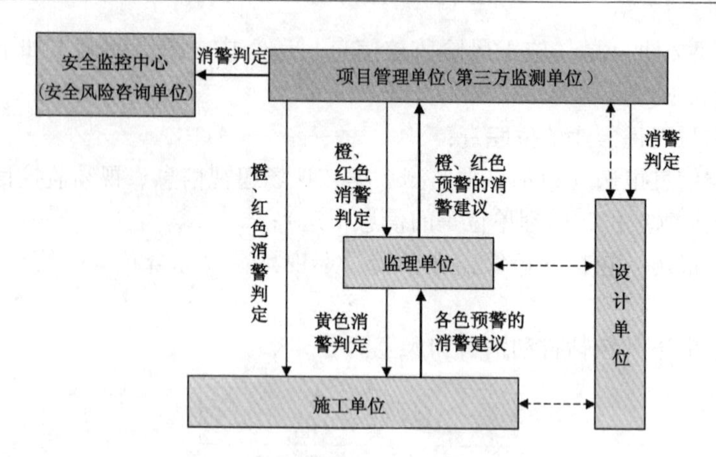

图 6.1-5　预警的消警审批报送流程

安全风险管理文件之《工程预警、处置及消警管理办法》中，重点明确了如下内容：

(1) 组织结构与职责；

(2) 预警的分类及判别标准：包括监测预警、巡视预警和综合预警；

(3) 预警发布；

(4) 预警响应；

(5) 消警等。

该办法同时给出了各类预警的响应流程，参见图 6.1-6、图 6.1-7。

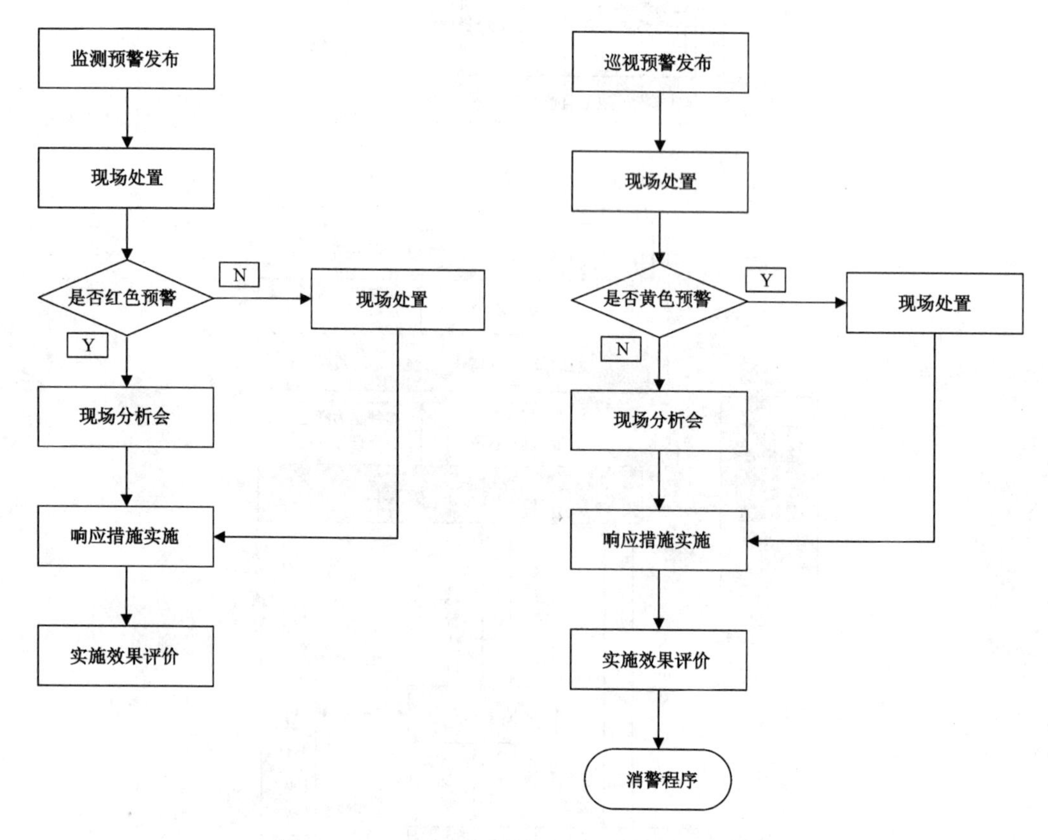

图 6.1-6　工程监测预警和现场巡视预警响应流程

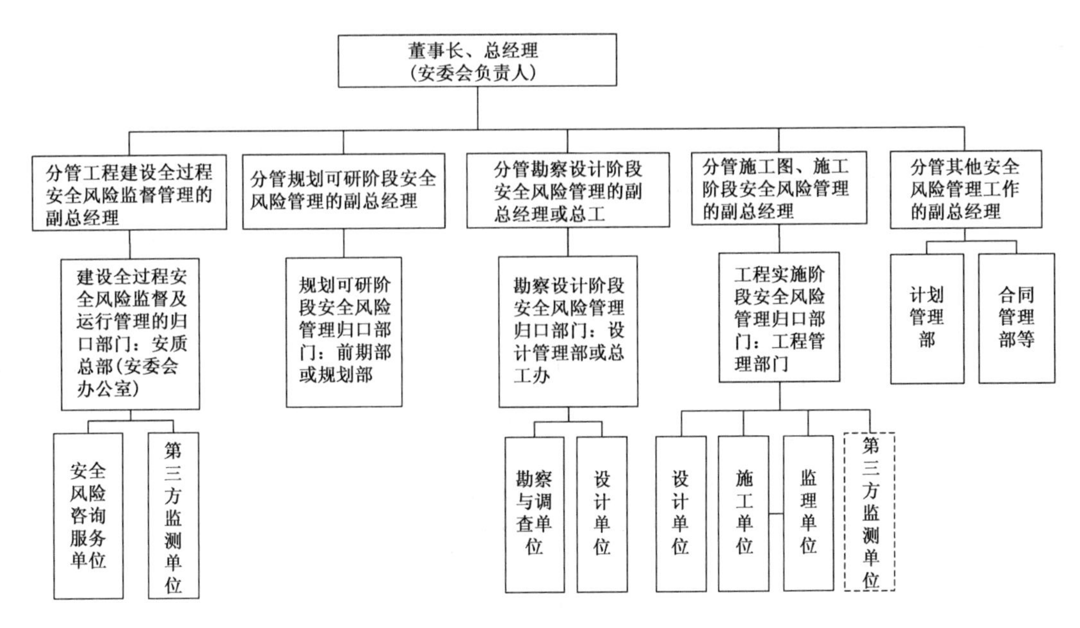

图6.1-7 阶段消警、巡视预警、综合预警消警响应流程

又如："安全风险管理技术文件"之"风险分级与工程设计"中，重点明确了风险辨识与分级（包括风险工程等级参考标准、自身风险和环境风险工程分级与调整原则、风险分级评估成果），各阶段风险工程设计要点（包括不同施工工法的风险控制设计、重大环境风险工程专项设计、监测控制值确定、设计成果要求等），并给出了安全风险分级清单样表等内容。

"安全风险管理技术文件"之"施工风险评估与控制"中，主要明确了如下内容：

（1）施工准备期安全风险预评估：针对明挖法、矿山法和盾构法等不同施工工法及其周边环境；

（2）现场巡视与、施工风险动态评价；

（3）工程风险预警：同样针对明挖法、矿山法和盾构法等不同施工工法及其周边环境；

（4）典型施工风险控制与应急处置。

"施工风险评估与控制"重点给出了现场巡视样表、现场巡视频率表和不同施工工法的现场巡视预警参考表，其中不同施工工法及其周边环境的现场巡视要点参见表6.1-6～表6.1-9。

明挖法施工现场巡视要点 表6.1-6

序号	巡视项目	主要巡视内容
1	围护结构施作	①围护结构轴线施放精准度； ②围护结构施作的垂直度偏差是否符合设计要求； ③浅基坑（冠梁上部挡墙、连续墙导墙）开挖是否采取可靠的临时支挡措施等
2	地下水控制	①井点布设是否形成封闭状态，是否及对不封闭部位采取有效处置措施； ②成井的各工序是否符合设计及相关工艺要求，包括成孔的直径、垂直度、井深及下管、填滤料、洗井的质量； ③预降时间及预降效果； ④帷幕止水效果及对存在缺陷的止水帷幕是否采取补救措施； ⑤坑内辅助降、排水措施等

续表

序号	巡视项目	主要巡视内容
3	土方开挖	①土方开挖是否采取纵向分段、竖向分层、横向分块或拉槽的方法； ②收口段土方开挖是否影响支撑架设； ③桩间土是否及时分层挂网喷护（每层高度不宜超过2m，挂网前填实桩间空洞）； ④对桩间渗漏水部位是否及时封堵（沙袋封填并埋设抱有80目以上滤网的排水管引水，防止土颗粒流失，及时挂网喷护）； ⑤坑边施工荷载（含堆土）是否严格控制［坑边堆载不大于20kPa（盾构井30kPa）］； ⑥纵向坡面稳定性（纵向坡面不宜过陡或停置时间过长时，应适当采取临时防护措施或分梯级开挖）； ⑦铺盖法、盖挖法的顶板上使用荷载或堆土量（荷载不超过设计给定值）等
4	支护体系施作	①钢围檩连接情况（纵向各段应在同一平面内，段间连接应符合设计要求）； ②钢围檩密贴情况（背后应与围护结构顶紧，与喷护面间的空隙用细石混凝土填实）； ③支撑体系中间临时立柱情况（不能简化，铺盖支撑结构应设置必要的横向连接构件，保证沿基坑纵向结构的稳定性）； ④支撑体系挠度控制（支撑上不得吊挂或堆放其他荷载）； ⑤支撑架设后及时施加应力情况； ⑥锚索及时拉拔锁定情况（保证锚头锁孔与锚索在同一直线上）； ⑦防坠落装置（支撑及钢围檩应分别设置与围护结构有可靠连接的防坠落装置）； ⑧抗剪凳设置（斜撑钢围檩后的抗剪凳必须遵循设计要求）等
5	结构施工及支撑拆除	①倒撑和拆撑是否符合施工顺序（应严格按照设计及内衬结构施工的顺序拆除，不得提前或超范围拆除支撑）； ②拆撑时间［严格控制支撑拆除的时间，内衬结构各层板的混凝土强度未达到设计强度的70%以上（含）不得拆除邻近支撑］； ③基槽回填（设有肥槽的基坑，随着支撑体系的拆除应及时回填肥槽）等

浅埋暗挖法施工现场巡视要点　　表6.1-7

序号	巡视项目	主要巡视内容
1	土方开挖	①开挖面稳定性（开挖面地质变化及渗漏水情况，对于施工风险比较大的地段（如仰挖、平顶直墙、大断面等）应严禁带水开挖），对于降水效果不佳、掌子面稳定性较差地段，应进行超前地质探测； ②核心土留设尺寸（具体根据开挖断面大小及掌子面地质条件确定尺寸，一般为距离拱顶高度约1.6m、两侧距边墙约0.8m、长度1.0~1.5m、核心土边缘应设安全坡度，对于仰挖段施工，核心土长度应适当加长）； ③台阶留设长度（应根据围岩情况、施工方法、工艺来确定，一般控制在1~1.5倍洞径范围之内，对于需要进行洞内竖向真空降水或仰挖地段，台阶长度应适当加长）； ④台阶开挖高度设置合理性（台阶开挖高度应根据开挖面的稳定性及操作方便性来确定。一般控制在2.5~3.5m）； ⑤分部开挖（应合理安排各分部开挖顺序及纵向间距，减小群洞效应）； ⑥近交隧道（两条平行隧道相距小于1倍洞径时，其掌子面前后错开距离不得小于15m）； ⑦隧道开挖连续性（应连续施工，因故停止施工时，对掌子面应采取临时封堵或支护措施；尽量避免仰挖施工，对确需进行仰挖施工地段，台阶开挖高度不应大于2m，分部开挖时，应先开挖上面洞室，待上面洞室完成后，再开挖下面洞室）等

续表

序号	巡视项目		主要巡视内容
2	支护结构	超前支护	①超前支护的长度、数量、角度及纵向搭接长度等应满足设计要求； ②超前小导管安装时，应从格栅拱架腹部穿过，并与拱架焊接； ③大管棚安装时应采取调整管节长度的方法使相邻管棚的连接部位相互错开，保证同一断面接头不超过50%； ④按设计要求进行注浆施工，注浆结束后，应对注浆效果进行检查等
		格栅架设及挂网施工	①格栅架立纵向允许偏差为±30mm，横向允许偏差为±20mm，高程允许偏差为±15mm； ②格栅安装时，应保证拱脚密实，节点板连接密贴。如出现接点板不密贴、螺栓拧不紧时，应塞钢筋或钢楔子并与节点板焊牢；出现螺栓上不齐时，应将两节格栅主筋之间帮焊连接，帮焊钢筋直径与格栅主筋直径相同，单面搭接焊不小于10d； ③按设计要求设置纵向连接筋和锁脚锚管，打设超前小导管并预埋回填注浆管。超前导管、锁脚锚管打设后应与格栅主筋牢固焊接； ④纵向连接筋应内外交错布置，采用搭接焊或套筒连接，单面搭接焊长度不小于10d，并与格栅主筋牢固连接； ⑤钢筋网与格栅钢架应密贴，且铺设平顺，用绑丝与格栅钢架绑扎牢固，确保喷混凝土时不松动； ⑥钢筋网片搭接长度应不小于10mm，格栅的内外保护层厚度均不小于4cm等
3	喷射混凝土施工		①喷射作业顺序（应分段、分层进行，喷射顺序应由下而上；一次喷射厚度，侧壁约60~100mm，拱顶50~60mm）； ②喷射混凝土前施工处理（施工前应将施工缝进行清理，剔除疏松部分；拱顶喷射中出现的掉块应清除后方可继续喷射；对格栅钢架连接位置、墙角等钢筋密集处应采取不同的喷射角度以保障连接钢板或主筋后面混凝土的密实）； ③喷射混凝土施工风压（施工中中应确定合理的风压，喷料均匀、连续，以保证混凝土密实）； ④渗漏水地段处理（当渗水无成线涌水时，在喷射混凝土前应用高压风吹扫，开始喷射混凝土时，喷射混凝土由远而近，临时加大速凝剂掺量，缩短初凝、终凝时间，逐渐合拢喷射混凝土，当渗水成线涌水时，应先将水进行引排，再喷射混凝土）； ⑤砂层地段喷射混凝土（应首先紧贴砂层表面铺挂钢筋网片，并用钢筋沿环向压紧后再喷射；喷射时，应首先喷一层加大速凝剂掺量的水泥砂浆，并适当减小喷射机工作风压，待水泥砂浆形成薄壳后方可正式喷射）； ⑥喷射混凝土出现裂纹时的处理(应用红油漆作标记,进行观察和监测,确定其是否继续发展,若还继续发展,找出原因并作处理,对可能掉下的喷射混凝土撬下重新喷射)等
4	初支背后回填注浆		①初支背后回填注浆应跟随作业面，初支成环后6m进行； ②初支背后回填注浆孔布设（应沿隧道拱部及边墙布设。一般环向间距：起拱线以上为2m，边墙为3m，纵向间距为3m呈梅花形布置。对于开挖过程中，出现坍塌空洞的部位，注浆管应加密布设）； ③初支背后回填注浆参数［可根据初支背后（或地层）孔隙大小或压水试验情况选择水泥砂浆、普通单液水泥浆或超细单液水泥浆。地层孔隙较大，压水试验时吸水率大于30L/min，可压注水泥砂浆；孔隙较小，吸水率小于30L/min，可压注单液水泥浆；基本无孔隙，吸水率小于10L/min，但有大面积渗水可压注超细单液水泥浆］等
5	马头门施工支护结构加强处理		①开口前宜施作加强环梁，并留置与马头门格栅相连的钢筋甩茬，待加强环梁施作完成，并达到设计强度后方可进行开口施工，确保进洞安全； ②开口前，应在竖井或通道内施作斜撑或横撑，消除马头门破除后造成的偏压的不良影响； ③马头门断面与通道或竖井连接处设密排格栅钢架，并与加强环梁相连接，增加支护强度

续表

序号	巡视项目	主要巡视内容
6	临时支撑拆除	①临时支撑应采取分段间隔拆除，拆除的顺序为自下而上，分段长度根据监测成果确定，一般应控制在6~8m内，并需进行倒换撑施工； ②多跨结构除纵向拆撑施工应满足设计的分段施工要求外，横向二衬施工也应分部进行，尽量减少一次拆撑的范围； ③地层条件差或环境风险较大时，应不拆除临时支撑钢筋或工钢，直接进行防水及二衬作业； ④临时支撑应等初支结构变形稳定后方可拆除

盾构法施工现场巡视要点　　表6.1-8

序号	巡视项目	主要巡视内容
1	盾构始发和到达	①洞门安装止水橡胶帘布和扇形压板，确保洞门处止水效果； ②加强对端头加固效果的检查，确保端头加固效果达到要求； ③盾构在加固区内的施工，土压建立前（始发）和土压降低后（到达）应严格控制出土量，正确使用加固后土体松散系数确定合理出土量； ④盾构始发出加固区时需要转换土压力，在出加固区时应将土压建立到略高于正常值，盾构出加固区时不至于出现土压过低，发生地表塌陷事故； ⑤盾构到达进入加固区后应逐步减小土压直至降为0，同时降低推进速度（速度）和推力，缓慢向洞门推进，防止端头处土体被盾构推出洞门； ⑥盾构到达施工过程中，当刀盘距离围护结构小于4环（4.8m）时，应该停止注入土体改良剂、添加剂（泡沫、膨润土等）
2	盾构检修、换刀	①对于土层，优先选择从地面开挖明挖竖井或人工挖孔井（桩）来进行开舱检修和换刀； ②对于砂卵石等磨蚀性较强的地层，应提前对开舱位置进行选择，并提前进行相关施工，做到主动开舱检修盾构
3	盾构掘进过程	①盾构穿越重要环境时，应适当提高土压力，确保开挖面和地层的稳定，有效控制地表沉降和风险工程的变形； ②加强土体改良（尤其是砂层、砂卵石地层）降低刀盘扭矩，减小刀盘和刀具的磨损； ③盾构在砂层、卵砾石层和砂、卵石复合地层中掘进时，为减小磨损，应该采用低转速、高贯入度等措施，对于对沉降要求严格的组段，应匀速推进； ④同步注浆和二次补浆不能采用同种性质的浆液，同步注浆和二次补浆的参数、浆液质量标准及补浆频率应符合相关规范要求； ⑤盾构施工前开挖基坑或者竖井时取样进行试验确定土体松散系数，确定合理出土量。盾构掘进过程中，应根据出土量和土车容积来细化每个土车与盾构推进距离的关系，并做好记录

周边环境现场巡视要点　　表6.1-9

序号	巡视项目	主要巡视内容
1	建构筑物开裂、剥落	裂缝宽度、深度、数量、走向、剥落体大小、发生位置、发展趋势等
2	地下室渗水	渗漏水量、发生位置、发展趋势等
3	桥梁	墩台或梁体开裂、剥落情况，包括裂缝宽度、深度、数量、走向、剥落体大小、发生位置、发展趋势等

续表

序号	巡视项目	主要巡视内容
4	既有轨道交通线（铁路）	①结构开裂、剥落：包括裂缝宽度、深度、数量、走向、剥落体大小、发生位置、发展趋势等； ②结构渗水：包括渗漏水量、发生位置、发展趋势等； ③道床结构开裂：包括裂缝宽度、深度、数量、走向、发生位置、发展趋势等； ④变形缝开合及错台：包括变形缝的扩展和闭合大小、变形缝处结构有无错开、位置、发展趋势等
5	周边道路（地面）	①地面开裂：包括裂缝宽度、深度、数量、走向、发生位置、发展趋势等； ②地面沉陷、隆起：包括沉陷深度、隆起高度、面积、位置、距墩台的距离、距基坑（或隧道）的距离、发展趋势等； ③地面冒浆/泡沫：包括出现范围、冒浆/泡沫量、种类、发生位置、发展趋势等
6	河流湖泊	①水面漩涡、气泡：包括水面有无出现漩涡、水泡、出现范围、发生位置、发展趋势等； ②堤坡开裂：包括裂缝宽度、深度、数量、走向、位置、发展趋势等
7	地下管线	①管体或接口破损、渗漏：包括位置、管线材质、尺寸、类型、破损程度、渗漏情况、发展趋势等； ②检查井等附属设施的开裂及进水：包括裂缝宽度、深度、数量、走向、位置、发展趋势、井内水量等
8	邻近施工情况	在施工程项目规模、结构、位置、进度、与轨道交通工程水平距离、垂直距离等

6.2 简约型体系文件

该体系严格按照《城市轨道交通地下工程建设风险管理规范》GB 50652—2011，结合当地工程建设安全风险管理的实际，专门针对安全风险管理工作，制定工程建设全过程的安全风险管理办法或手册，多以单行本形式颁布，适当辅以相关的配套支持性文件。

其中，安全风险管理办法须重点涉及如下内容：

（1）安全风险管理模式、组织机构与职责分工；

（2）风险识别、分级标准与工程风险预警标准；

（3）建设规划及可研阶段安全风险管理；

（4）勘察与周边环境工作的安全风险管理；

（5）工程设计阶段的安全风险管理；

（6）施工阶段的安全风险管理。

如，南方某城市轨道交通建设单位颁布了《轨道交通工程建设风险安全管理办法（暂行）》，内容主要包括：

第一章　总　　则

第一条　为提高轨道交通工程建设风险管理水平，有效控制工程建设风险，减少各类事故发生，降低工程经济损失、人员伤亡和环境影响，保障工程建设安全。根据《中华人民共和国建筑法》、《城市轨道交通工程安全质量管理暂行办法》（建质［2010］5号）等法律法规，结合集团公司工程建设工作实际，特制订本办法。

第二条　本办法适用于所有轨道交通工程建设在可行性研究、初步设计及施工图设计、招投标、施工等阶段风险管理工作。

第二章　组织机构及职责

第三条　风险管理工作实行“分级管理、分工负责、集体决策”原则。轨道集团风险管理领导小组是工程建设风险管理工作决策组织，负责风险管理机构、制度建立及相关工作的组织、协调、检查以及对重大风险的控制措施进行评审和决策。领导小组下设风险管理办公室，负责工程建设风险的日常管理工作及相关的检查、指导、督促和考核。由集团公司各建设管理项目部等职能部门及工程设计、勘察、监理等工程参建各方组成的风险动态管理小组和工程实施主体单位（施工单位），负责具体开展和实施工作。

第四条　风险管理领导小组组长为集团公司主管领导，副组长为集团公司分管领导，小组成员由集团公司安保部、质环部、设计部、总师室、前期部、物资部、新线办及各建设管理项目部的主要负责人组成。风险管理办公室设在集团公司安保部，由建设安全总监任办公室主任，成员由集团公司安保部建设管理人员组成，对建设工程风险管理工作承担监督管理责任。

第五条　集团公司设计部、各建设管理项目部、新线办等部门与设计、勘察、监理、监测等工程参建各方组成的风险动态管理小组，负责检查、督促和指导实施制度单位风险管理工作开展情况，同时协助实施主体进行工程风险决策与控制。发现重大风险源，应及时向风险管理组书面报告。对建设工程风险管理工作承担直接管理责任。

第六条　工程实施主体负责制订和实施施工现场风险管理方案、措施等，包括制订风险管理计划，针对风险性较大的风险事故，开展风险评估、编制应急处置预案（必要时应请专家组论证）以及对工程参建人员进行风险管理培训等。工程实施主体是工程建设风险管理的具体执行单位，对工程建设风险管理工作承担合同规定的责任。

第三章　工程规划与可行性研究阶段风险控制管理

第七条　工程规划阶段包括线路规划方案拟定、专项审查、工程初步勘察与环境调查等，可行性研究阶段包括工程可行性方案拟定、施工方案适用性分析等。集团公司前期部为本阶段建设单位责任管理部门。

第八条　工程规划阶段风险管理重点是通过规划方案与城市轨道交通网络协调性分析、交通及客流量预测分析风险、线路选择与工程选址风险分析、工程投融资可行性风险分析、不同工程规划方案风险综合评价与控制措施风险等，确保工程规划方案与城市总体规划和地理环境条件相一致，最大程度降低因规划不当而导致的工程设计、施工及营运风险。

第九条　工程可行性研究阶段风险管理主要是通过辨识和评估工程建设风险，优化可行性方案，规避和降低由于线位、站位和施工方案等规划方案不合理所带来的风险，为工程设计、施工等做好前期准备。本阶段应初步制定工程风险控制措施，完成工程可行性分析评估。通过可研阶段的安全预评价报告对风险进行分析和初步评价，进行线路和隧道施工方案比选，提出各方案存在的风险，明确风险等级，为可研决策提供依据。另外，完成项目各项审批手续，组织委托开展安全、环境影响的评价，确保项目合法合规也是本阶段责任部门的重点工作。

第四章 设计阶段风险控制管理

第十条 设计阶段包括工程详勘与环境调查、初步设计和施工图设计。集团公司设计部为本阶段建设单位责任管理部门。

第十一条 工程详勘与环境调查主要是通过对地形地貌绘制、工程测量、周边环境调查、工程水文地质勘察及室内岩土力学实验分析等，为工程设计和施工提供必要的基础数据资料。风险管理主要内容为工程地质勘察施工风险分析、潜在的重大不良水文地质及环境风险分析。工程地质勘察单位、环境调查单位是本阶段风险管理实施单位，承担风险管理主体责任，集团公司设计部承担组织、协调和监管责任。

第十二条 勘察单位及环境调查单位应成立风险管理小组,对风险因素进行筛选,并确定初始风险的等级,研究降低初始风险的处理措施和对策,进行方案设计,并对投资进行比较。剔除易发现且通过一般措施就能有效控制的或事故发生概率小且无严重后果的风险。高度和极高风险必须报送集团公司风险管理领导小组,原则上极高风险应规避。对勘察、调查阶段无法判断的风险可作为残留风险,残留风险应进行评估并形成残留风险登记表,确定残留风险的等级,确定残留风险是否在可接受范围以内,并在相关文件中明确,同时提出下阶段工作的建议和措施。

第十三条 工程初步设计阶段的风险管理应以工程地勘与环境调查的风险管理为基础，结合选定的规划线路和建设技术方案，重点针对工程结构的具体设计方案、设计参数及施工工艺与技术，考虑工程建设安全、环境、投资、工期等因素开展风险管理。

第十四条 设计单位应根据工程目标和需求，形成符合国家法律法规和设计规范、条例中要求的安全、可靠、经济适用和技术先进的设计文件，控制并减少因设计失误等因素引起的工程功能缺陷、结构损伤及工程事故。同时通过工程结构设计进一步明确重大风险因素源，对其进行专项初步设计。

第十五条 施工图设计阶段风险管理重点是对已辨识的风险进行进一步的识别和控制，以及对由于初步设计审查引起的方案变化进行风险评估，优化设计方案。

第十六条 设计单位应建立风险跟踪机制。项目风险评估过程和成果应由设计单位组织专人进行监控和审查，包括设计风险较低、设计标准审查和管理、专业间协调检查等。设计文件应符合相关法规、规范对风险管理的要求，保证施工安全、结构可靠、环境协调。

第十七条 设计单位应编写风险评估报告，初设阶段应委托进行地震安全评估等，在技术交底文件中提出风险管理的注意事项。施工单位应制定合理的施工方法、切实可行的工程措施、施工组织设计方案，为有效控制施工单位的风险管理创造条件。

第十八条 设计人员必须具备足够的工程经验，充分考虑不同工法对安全的影响，开展针对性的预设计，明确监测标准，确保工程的可靠性。

第五章 招标投标阶段风险控制管理

第十九条 招标投标阶段包括招投标文件准备及合同签订。集团公司计划合同部是本阶段风险管控窗口管理部门，承担监督管理责任。各承办集团公司建设管理项目部负责编制招标文件，承担本阶段风险管理直接管理责任。

第二十条 集团公司计划合同部负责招标窗口管理，应确保招投标工作严格遵守《中华人民共和国合同法》，保证程序合法。在招标文件编制阶段，承办部门应根据工程特点，将安全风险控制内容招标条件。

第二十一条　投标单位的投标文件应符合招标文件中关于风险管理的要求，说明本企业风险管理能力，提出新发现或预测到的各种风险，明确风险监测方法、重大风险的应急措施等内容。

第六章　施工阶段风险控制管理

第二十二条　施工阶段风险管理包括施工准备期风险管理和施工过程风险管理工作。施工单位是本阶段风险管理具体实施单位，承担主体管理责任；监理单位是实施主体管理单位，承担综合管理责任；集团公司各建设单位项目部是本阶段建设单位责任管理部门，对本阶段风险管理工作承担监督管理责任。

第二十三条　集团公司各建设管理项目部本阶段风险管理主要工作责任：

（一）应成立工程风险管理小组，负责协调、组织和布置参建各方建立项目风险管理体系，开展风险管理工作。

（二）建立工程现场风险监控动态管理台账，对刚入场的施工单位进行安全质量技术交底，定期对施工单位的风险管理状态进行督查，发现重大风险应及时上报。

（三）开展工程风险管理培训，按照合同规定，及时支付工程风险管理费用。

（四）检查施工单位风险管理方案和措施，特别是重大风险控制方案的制定、措施的制定、审批流程及实施过程，确保各流程合法合规，措施执行到位。

第二十四条　施工单位本阶段风险管理工作主要职责：

（一）在施工前应完善风险管理体系，制定风险管理计划和实施细则，明确风险管理流程。

（二）在施工前应根据上阶段已有的风险评估或报告，结合实际制订风险控制措施，制订风险预警标准，编制应急预案。其中预案和措施应与国家、地方政府及相关的公共应急预案和服务相衔接。

（三）负责本阶段风险动态评估工作。通过对施工邻近建（构）筑物以及周边施工对本工程影响的风险分析，梳理重大风险工程，制订重大风险动态评估报告。当工程设计、施工方案或工期发生重大变更时，应对工程风险重新进行分析和评估。

（四）对施工中新出现的风险进行识别，提出风险处理措施，对已识别的风险做好跟踪监测。在施工现场设立告示牌，公示阶段性施工风险，内容包括风险描述、监测方案、应急预案、责任人等。

（五）积极开展风险培训工作，制订工程风险培训计划。对参与工程风险管理的技术人员进行风险管理和指导，对作业层进行施工风险交底。

（六）应按照国家及地方政府相关规定，做到风险管理费用总额和专款专用。同时结合工程施工进度，及时上报工程施工信息和施工风险状况。

（七）遵守国家、地方及建设单位对风险管理工作的其他要求。

第二十五条　监理单位本阶段风险管理主要工作职责：

（一）应建立和完善本单位风险管理体系和制度，建立风险管理小组。

（二）应检查和督促施工单位建立风险管理体系，制订应急方案和措施，确保机构、人员、物资储备等与方案相对应，督促其开展应急演练。

（三）负责审核施工风险管理方案、措施进行，同时监督施工单位严格按照方案和措施开展工作。

（四）开展项目风险管理工作经常性检查，对检查发现的问题应责令立即整改，检查情况应记录入监理日志。

（五）在施工单位进行风险处置时应在现场旁站，确保处置工作严格按照方案和措施进行。

（六）发现重大风险应及时上报。

第二十六条　轨道交通工程勘察、设计、监测等参建单位应按照国家、地方及建设单位相关要求，建立和完善风险管理体系和制度及风险预警、响应机制。并跟进预警级别启动相关预案，配合施工单位对风险进行处置。

第七章　附　　则

第二十七条　本办法至发布之日起实施，由集团公司安保部负责解释。

第二十八条　集团公司各部门、各参建单位应及时反馈本办法在执行过程中发现的问题，以利于本办法的修订完善。

又如，北方某城市轨道交通建设单位颁布了《地铁土建工程风险源控制管理办法》，内容主要包括：

第一章　总　　则

第一条　由于地铁沿线分布不良地质，隧道多处穿越古建、立交桥及人行天桥，各种建（构）筑物和地下管线多，周围环境复杂，施工难度和风险较大。为提高各参建方安全管理水平，规范地铁建设风险源管理工作，使安全风险管理更加系统化、科学化和信息化，确保地铁工程建设顺利进行，特制定本办法。

第二条　本办法适用于地铁土建施工阶段相关风险管理活动。

第三条　本办法依据国家、行业和本市相关法规法规和技术标准、本公司颁布的安全生产管理办法及相关规定等编制。

第二章　安全风险管理模式及各方职责

第四条【安全风险管理模式】

（一）【地铁公司安全风险管理模式】根据本市地铁安全风险特点，在土建工程施工阶段采取的安全风险管理模式如图1所示：

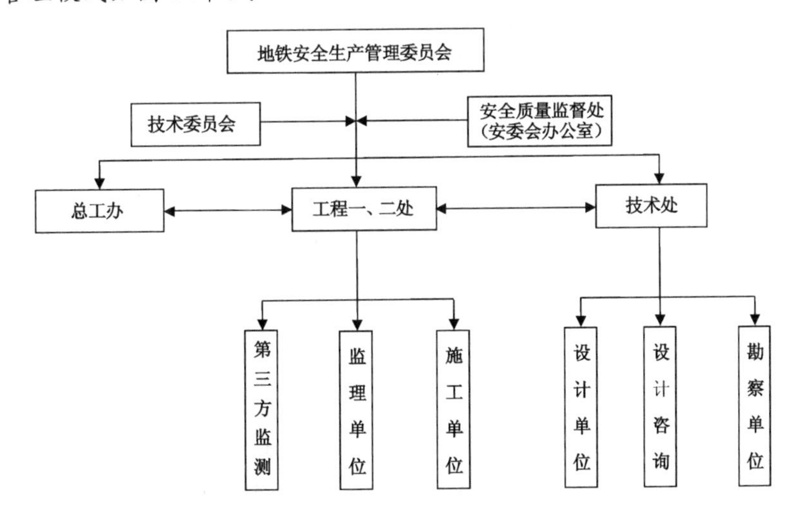

图1　地铁公司安全风险管理模式

（二）【工程其他参建单位安全风险管理模式】施工单位、监理单位、第三方监测单位分别按照法律、法规及地铁公司安全风险管理体系要求，成立安全风险管理组织机构，履行安全生产与风险管理职责。

第五条【各方安全风险管理职责】为使各参建单位在风险管理活动中工作接口明确、相互配合和各司其职，将业主方主要管理部门及各参建单位在安全与风险管理中的工作内容与职责明确如下：

（一）建设单位及各部门的职责

1. 总工办职责

（1）施工过程中对重大技术问题进行论证，对此重大技术问题组织进行风险辨识、分析与评估和决策工作。

（2）组织做好本市地铁安全风险相关技术标准的制定与管理工作。

（3）负责一级风险点的风险方案审查及监控工作。

2. 安全质量监督处职责

（1）组织参建单位对全线危险源制定应急预案，并督促演练工作。对季节性安全质量措施的落实，惯性违章和涉及工程质量和施工安全的关键施工环节进行重点检查与控制。

（2）配合公司培训中心做好工程质量、安全管理培训工作。及时传达贯彻上级有关安全生产、工程质量管理的文件、会议精神，并认真落实。

（3）负责对安全隐患处置不力的施工单位进行现场处罚，对危险源管理不到位的现象责令整改，按照体系要求，对发生安全风险预警的工点进行预警响应。

3. 工程处职责

（1）组织参建单位根据施工图对全线风险源进行风险识别及等级划分。

（2）负责施工组织方案的审查和生产调度工作，协调解决工程施工中的问题。并按照工程风险分级管理原则，会同安委会、总工办、安质处、技术处等部门实施安全风险监控、预警及响应。

（3）负责三级风险点的风险方案审查及监控工作。

4. 技术处职责

（1）配合公司总工办进行安全风险管理技术标准的制定、修订与管理工作。

（2）全面负责工程施工图设计阶段的安全风险评估与风险管理工作。

（3）组织总体设计单位对不同设计阶段安全风险评估成果及管控措施的制定与跟踪工作。

（4）负责与安全风险有关的项目设计、咨询和重大风险管控方案的确定，与公司其他部门协调解决工程建设中的较大设计方案或技术的变更与风险评估工作。

（5）协同有关部门进行与安全风险有关的设计、评估等专题研究工作。

（6）负责二级风险点的风险方案审查及监控工作。

（二）设计单位职责

1. 协助建设单位开展安全风险评估相关的方案论证和成果评审，参与重大安全风险设计控制方案的论证与审查，并提供合理建议。

2. 配合技术处完成现场施工安全风险的技术巡检，参与现场安全风险状态分析与论证工作，提供设计咨询意见。

（三）监理单位职责

1. 坚持每周安全检查、每月安全大检查制度。在实施监理过程中，发现存在隐患的，应要求施工单位立即整改；情况严重的应要求施工单位立即停止施工，并及时报告地铁公司。

2. 主持评审四级风险点的分部、分项工程施工方案，审查施工组织设计中的安全技术措施和专项施工方案是否符合工程建设强制性标准；审查施工单位在采用新技术、新工艺、新材料、新设备中的安全性、可行性。

3. 审批施工组织设计中的安全生产的保证计划和风险管控技术措施。

4. 及时组织上报施工安全风险管控信息和安全事故，严格落实建设单位及政府有关主管部门的监督、检查意见，配合建设单位及政府主管部门的监督、检查工作。

5. 全面负责施工期的各种风险源监控及落实工作。

（四）施工单位职责

1. 全面负责落实各级风险辨识、方案编制及审核工作。

2. 组织工程项目施工的安全生产与风险管理的教育与培训、考核。对管理人员和施工操作人员，按其各自的安全职责范围进行教育，并建立安全奖罚制度，认真落实。

3. 施工单位应当结合实际情况，在施工组织设计中编制和呈报安全生产保证计划、安全技术方案和安全措施，并认真贯彻落实。

4. 对达到一定风险等级和规模的危险性较大的分部、分项工程编制专项安全风险控制与施工方案，经施工单位总工程师审定签字，由标段总监理工程师审核、签字后报地铁公司备案后执行。涉及穿越地裂缝、古建筑或文物、湿陷性黄土施工、深基坑工程、暗挖工程、高大模板工程和盾构作业的专项安全风险控制与施工方案，还应组织专家进行论证审查。

5. 编制应急救援预案，建立应急救援组织，配备必要的应急救援器材、设备，并做好应急演练工作。

6. 建立安全风险预警机制及责任制度，重视监测与安全风险监控、动态评估与管理工作，定期对施工周边建筑物、构筑物、各种地下管线等进行监测，全面掌控施工安全状态，发现异常应立即采取保护措施并报告相关单位。

7. 建立、健全各种安全生产资料台账。

8. 制定突发事件应急预案，负责迅速、正确做出应急处理响应，并及时上报施工安全风险和安全事故，科学有效地实施应急救援。严格落实建设单位及政府有关主管部门的监督、检查意见，配合进行施工安全事故的调查、处理及落实工作。

9. 在辨识、评价风险源的基础上编制《风险控制手册》。

（五）第三方监测单位职责

1. 负责从安全生产、安全风险监控角度进行监控量测方案设计，确保建设施工项目的关键部位、关键事件和关键过程等得到有效监控。

2. 需参与安全风险预警、应急处理和事故调查，提供合理建议。

第三章 风险识别及分级管理程序

第六条【工程风险等级划分标准】综合考虑专项施工方案、工程及水文地质、周边环境特点，将土建工程风险划分为四个级别，详见表1。

土建工程综合风险分级表　　表1

土建工程风险级别	风险描述及标准
一	高施工风险点，采取措施不当或无可靠措施，可致严重性后果
二	较大施工风险点，采取措施不当或无可靠措施，可致较大风险后果
三	一般施工风险点，因外部条件不明确，导致措施不具体，针对性不强，或在可操作性上存在一定欠缺，需要进一步优化
四	一般施工风险点，工程措施得当，但存在个别问题仍需进一步完善

其中根据工程技术风险大小，综合考虑工程设计、施工技术含量、施工方案及措施等因素，又将技术风险分级如表2所示。

土建工程技术风险分级表　　表2

土建工程技术风险级别	风险描述及标
一	严重技术风险，工程及水文地质情况非常复杂，不良地质构造对工程影响严重，工程设计技术含量高，采用新工艺、新材料、新技术，施工工艺及技术难度很大，对工程可致灾难性后果
二	较大技术风险，工程及水文地质情况较复杂，存在不良地质构造，工程设计较复杂，施工工艺及技术难度较大，可致严重性后果
三	一般技术风险，工程及水文地质情况一般，工程设计技术含量一般，施工技术措施得当，但仍需细化，可致较大风险后果
四	较小技术风险，工程设计技术含量一般，施工技术措施得当，但仍存在个别问题，可致一般风险后果

第七条　【风险识别及分级管理程序】(图2)

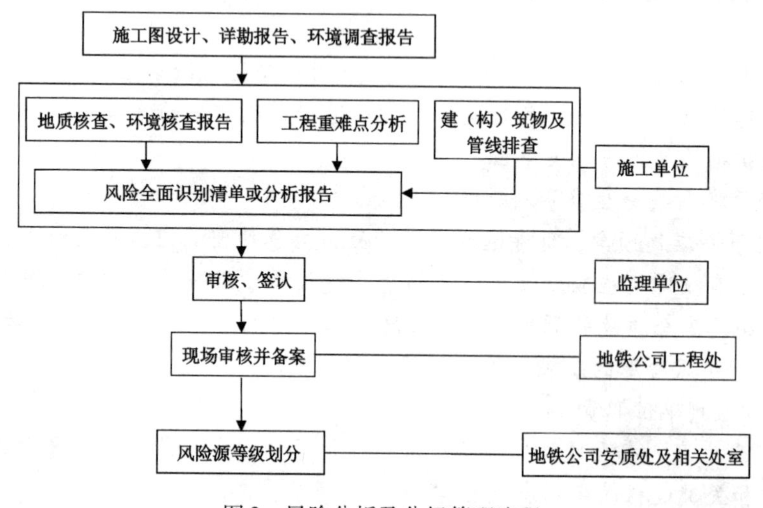

图2　风险分析及分级管理流程

（一）施工单位应深入识别工程地质和环境所带来的风险，识别工程重难点，进行风险评价，形成风险源识别清单或分析报告，经项目技术负责人签认后，报监理单位。在施工单位上报专项方案之前，需经施工单位上级主管技术部门对工程风险源进行审查分级，必要时组织专家审查会议确定风险等级。

（二）监理单位负责对风险源识别清单或分析报告进行审核，经项目总监签认后，报地铁公司工程处。

（三）地铁公司工程处根据施工单位上报的风险源资料进行风险分析及风险分级审核，形成初步意见并报安全质量监督处。

（四）由地铁公司安全质量监督处牵头，组织总工办、技术处、工程处召开风险源等级划分审查会议，会议根据风险分级标准以确定各类风险源等级。

第四章　风险控制管理程序

第八条　风险控制管理实施程序

（一）专项施工方案审查程序（专项方案审查流程图见图3）。

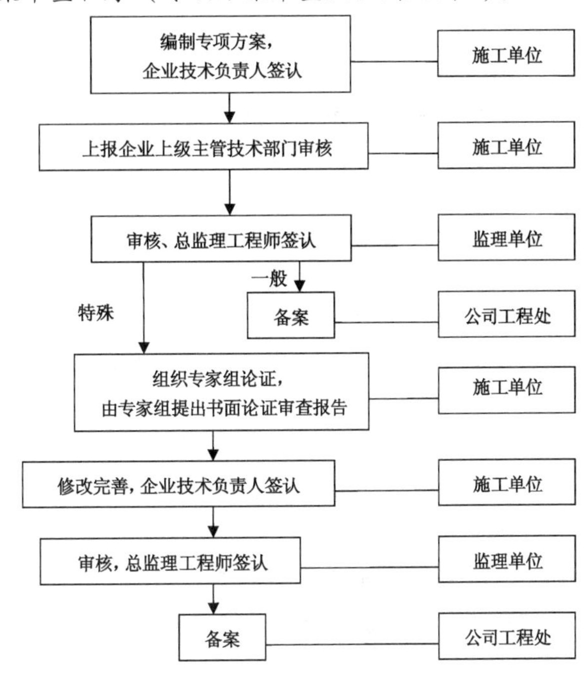

图3　专项方案审查流程图

（二）风险源管理任务划分

1. 由安全质量监督处牵头，由总工办、技术处、工程处等专人成立风险源专项方案审查小组（风险源管理小组）。施工、监理单位应建立风险源控制管理台账，召开审查会议之前要求施工单位要先编制相应专项方案并经监理审批后，按计划方可提报风险源审查申请。

2. 四级风险由各土建标段监理牵头，施工单位编制专项方案经其上级主管部门技术负责人审批后报监理审查批准，并上报地铁公司备案。

3. 三级风险由地铁公司工程处牵头，召集相关工点设计、施工单位、监理单位参加。由施工单位汇报本标段存在的风险源、风险控制措施、方案编制等相关情况，对施工单位编制的专项方案进行审查，并形成会议纪要，必要时施工单位需要组织相关专家对专项方案进行论证并报监理审批。

4. 二级风险由地铁公司技术处牵头，召集地铁公司相关处室、设计总体、设计咨询、工点设计参加，必要时召集施工、监理单位同时参与，召开风险专项审查会议，并形成会议纪要。

5. 一级风险由地铁公司总工办牵头，组织地铁公司相关处室、设计总体、设计咨询、工点设计、监理、施工单位召开风险专项审查会议，并形成会议纪要，报公司技术委员会形成决策建议，必要时聘请社会专家对方案进行论证。

（三）风险源现场巡视、监控与预警

1. 根据风险源控制报告，施工、监理单位应进行施工监测和现场巡视，判定施工监测数据是否超过控制标准，巡视有无异常情况发生。

2. 第三方监测单位应进行第三方监测，判定监测数据是否超过控制标准，当数据出现异常时，应在问题出现第一时间通知监理、业主等相关单位。

3. 施工阶段安全风险状态预警等级。地铁土建工程各工点安全风险状态采用国际通用的颜色表示不同等级的安全风险状态，由高到低依次采用红、橙、黄三色表示不同的预警级别。在施工过程中安全风险预警等级应根据对现场的监测数据和监测项目控制指标值的比较分析以及通过现场监控实施各方的现场巡视，通过分析判断现场实际情况后进行综合确定。

（四）安全风险响应及处置

在风险源的施工过程中，各方须对前期制定的风险源控制措施的实施效果进行跟踪，根据现场监控情况及时进行评估、预警。若发现异常，根据现场风险状况启动相应级别预警，并根据完备的预警报送、响应及处理程序，及时报送相应的风险监控单位或部门并由其进行处置。

1. 黄色综合预警响应及处置

施工、监理、第三方监测单位当发现黄色综合预警时，1 天内通过邮件或书面形式上报业主代表。

施工单位加强组织分析，项目经理部技术负责人主持并组织实施风险处理。施工、第三方监测单位加强监测和巡视，监理单位加强巡视、监管，工程处加强协调，安质处加强现场督察和纠察。

2. 橙色综合预警响应及处置

施工、监理、第三方监测单位当发现橙色综合预警时立即通知业主代表，业主代表经现场核实确认后 1 天内通过邮件或书面形式上报本市地铁公司安质处、工程处、技术处。

施工单位组织四方会议，项目部经理主持并组织实施风险处理。施工、第三方监测单位加强监测和巡视，监理单位加强巡视、监管，工程处加强协调，安质处加强现场督察和纠察。

3. 红色综合预警响应及处置

施工、监理、第三方监测单位和业主代表当发现红色综合预警时立即以有效、快捷方式上报地铁公司安全生产管理委员会、工程处、安质处、技术处和总工办，同时告知设计单位，以加强技术沟通和共同预警分析。

施工单位立即启动应急预案，2 小时内组织专家论证。施工单位主管领导主持并组织实施风险处理。施工、第三方监测单位加强监测和巡视，监理单位加强巡视、监管。业主代表加强现场跟踪。

第五章　应急管理机制

第九条　严格按照《地铁公司土建施工安全事故应急救援预案》相关规定进行施工险情发生时的应急管理工作。

第六章　附　　则

第十条　本办法由地铁公司负责解释。

第十一条　本办法自公布之日起执行。

该办法颁布实施之后，陆续针对专项设计、工程监测、现场巡视、安全风险响应及处置等补充了相应的配套管理办法，作为《地铁土建工程风险源控制管理办法》的支持性文件。

附录 城市轨道交通工程安全风险管理体系构建导则

1 目的与范围

1.1 目的

1.1.1 统一规范城市轨道交通工程建设安全风险管理工作的组织模式、工作内容、标准和相关工作要求，促进安全风险管理工作的系统化、有效性、针对性和可实施性。

1.1.2 有效指导各地制定适合当地建设规模、建设管理模式等的安全风险管理体系或制度文件，有效开展安全风险管理工作。

1.2 范围

1.2.1 本导则主要适用于新建城市轨道交通工程建设安全风险管理工作。

1.2.2 本导则主要用于指导和规范建设单位建立安全风险管理体系和组织各参建单位开展安全风险管理工作。

2 原则与依据

2.1 原则

2.1.1 适用性原则：体系内容与形式与工程规模、管理模式、建设经验、技术能力、风险接受水平等相匹配，满足轨道交通工程所在城市的安全风险管理需要。

2.1.2 系统性原则：

(1) 从体系内容构成上，包括组织体系、责任体系、资源保障体系、技术标准与方法体系、工作程序与过程控制体系、记录体系、考核监管体系等；

(2) 从安全风险管理主体上，包括建设、勘察、设计、施工、监理、监测、第三方技术服务等；

(3) 从安全风险管理工作阶段和环节上，涵盖规划可研、勘察设计、施工直至竣工验收等工程建设全过程；

(4) 从安全风险管理工作内容与程序上，包括风险辨识、风险分级、风险分析与评价、制定风险控制措施与实施风险控制、预警处置、应急响应等。

2.1.3 各负其责原则：建设单位负责组织实施，其他参建单位根据法律法规、工程建设标准和合同约定等，具体实施相应的安全风险管理工作。

2.1.4 风险预防预控原则：风险的管理应以事前控制为主，通过风险评估和不断优化设计方案和技术措施，并采用有效和主动的安全风险防范手段和方法，不断规避、降低风险，并将风险控制在可接受的水平。

2.1.5 风险全面管理、重点控制原则：对风险等级高、预警影响大的风险工程，应重点予以关注和加强监控、跟踪。

2.1.6 持续改进原则：风险管理体系应根据新颁布法规标准、已运行经验和建设管理模式调整等，适时进行修正改进，以满足现行法规标准和当前安全风险管理工作的实际需要。

2.2 依据

2.2.1 法律法规和规范性文件

(1) 中华人民共和国安全生产法（主席令第70号，2014版）

(2) 中华人民共和国建筑法（主席令第91号）

(3) 建设工程质量管理条例(国务院令第 279 号)

(4) 建设工程安全生产管理条例(国务院令第 393 号)

(5) 建设工程勘察设计管理条例(国务院令第 293 号)

(6) 关于加强重大工程安全质量保障措施的通知(发改投资[2009]3183 号)

(7) 城市轨道交通工程安全质量管理暂行办法(建质[2010]5 号)

(8) 城市轨道交通工程周边环境调查指南(建质[2012]56 号)

(9) 城市轨道交通工程质量安全检查指南(试行)(建质[2012]68 号)等

2.2.2 技术标准规范

(1) 城市轨道交通地下工程建设风险管理规范 GB 50652—2011

(2) 城市轨道交通建设项目管理规范 GB 50722—2011

(3) 风险管理 原则与实施指南 GB/T 24353—2009

(4) 行业和地方法规、规范性文件和相关技术标准等

2.2.3 建设单位现行的相关规章制度

2.2.4 有关合同文件等

3 组织管理

3.1 组织机构

3.1.1 建设单位应依据建设规模、管理模式和安全风险管理目标等,建立健全安全风险管理组织机构,明确工程建设各阶段安全风险管理工作的实施部门和监管部门,配备满足安全风险管理需要的管理人员。建设单位安全风险管理组织架构示例参见附件 1 (1)。

建设单位根据工程需要,宜委托有相应资质和经验的第三方监测、安全风险咨询单位协助其开展安全风险管理工作。

3.1.2 其他参建单位应根据法律法规、工程建设标准和合同文件,设置与项目管理模式、合同标段(或工点)规模、安全风险特点等相适应的项目安全风险管理组织机构,明确安全风险管理工作的实施部门和监管部门,配备满足安全风险管理的技术、管理人员。

参建单位宜对所辖项目(部)安全风险管理体系的建立、运行情况进行监督、检查。

3.1.3 建设单位应组织各参建单位开展安全风险管理工作,形成目标协调一致、职责明确、运行高效的安全风险管理组织体系机制,并根据合同对各参建单位进行履约管理。

3.2 职责分工

3.2.1 工程参建各方应建立健全与安全风险管理组织机构相适应的安全风险管理责任制,明确单位各部门的安全风险管理职责及分工(包括明确本单位安全风险管理体系工作运行协调及考核评价的部门),各部门根据职责分工负责本部门的安全风险管理工作。

3.2.2 建设单位负责工程建设项目安全风险管理的总体组织管理。

主要负责人对本单位安全风险管理工作全面负责,主要包括:(1) 建立健全安全风险管理责任制;(2) 组织制定建设项目安全风险管理制度及标准;(3) 组织制定并实施安全风险管理教育与培训计划;(4) 保证本单位的安全风险管理投入的有效实施;(5) 组织、督促、检查本单位和监督其他工程参建单位的安全风险管理工作;(6) 组织制定并实施工程安全风险事件、事故等的应急抢险及救援等。

分管质量安全的领导负责监督管理本单位工程建设全过程安全风险管理工作,安全质量监察部门是工程建设全过程安全风险管理监督管理和体系运行(包括培训宣贯、协调、检查、考核评价、修订改进等)的归口管理部门。

分管规划可研的领导负责组织管理本单位规划可研阶段安全风险管理工作,前期或规划管理部门是组织实施规划可研阶段安全风险管理工作的归口管理部门。

分管勘察设计的领导负责组织管理本单位勘察设计阶段安全风险管理工作，设计管理部门是组织实施勘察设计阶段安全风险管理工作的归口管理部门。

分管建设管理的领导负责组织管理本单位施工图设计和施工阶段安全风险管理工作，工程管理部门是组织实施施工图和施工阶段安全风险管理工作的归口管理部门。

3.2.3 勘察单位负责完成工程勘察工作，提供真实、准确和完整的勘察成果文件。各部门根据职责分工负责本部门的安全风险管理工作。项目负责人对本项目安全风险管理工作全面负责，集团公司负有领导监管责任。

3.2.4 设计单位负责制定工程措施和风险控制方案，提供工程监测控制指标（值）和进行风险专项设计、施工配合等工作。对设计方案和工程措施的安全性、合理性和可实施性负责。各部门根据职责分工负责本部门的安全风险管理工作。项目负责人对本项目安全风险管理工作全面负责，集团公司负有领导监管责任。

3.2.5 施工单位负责全面实施工程安全风险控制工作，按图施工和严格按照施工标准，开展风险交底、施工监测、现场巡视、信息化施工、预警响应与处置和应急响应等活动，进行施工风险控制。集团公司负有领导监管责任。

项目负责人对本项目安全风险管理工作全面负责。生产副经理负责组织实施施工阶段安全风险管理工作，工程部门是本项目部实施施工安全风险控制的归口部门。安全副经理负责组织监督管理施工阶段安全风险管理工作，安质部门是本项目部施工安全风险控制监督管理的归口部门。总工程师负责组织开展施工阶段安全风险管理的技术支持工作，测量与技术部门分别是本项目部施工安全风险监测和技术支持的归口部门。施工项目部安全风险管理组织架构示例参见附件1（2）。

3.2.6 监理单位负责现场安全风险控制的全面监督管理，通过对施工单位的安全风险管理组织机构建立与人员配备、专项施工方案论证与风险交底、工程监测、现场巡视和施工风险状态动态评价、预警响应与处置、信息报送等工作进行监督和管理。集团公司负有领导监管责任。

项目总监理工程师对本项目部施工安全风险监理工作全面负责。驻地监理办负责组织本项目标段施工安全风险的监理工作。专业监理工程师具体实施本项目标段施工安全风险的监理工作。项目监理机构安全风险管理组织架构示例参见附件1（3）。

3.2.7 第三方监测单位负责开展第三方监测和必要的现场巡视、信息报送、预警响应等工作，及时提交真实、准确的监测信息和相关成果报告。项目负责人对本项目安全风险管理工作全面负责，集团公司负有领导监管责任。

3.2.8 安全风险咨询服务单位按照合同约定负责开展现场巡视、施工风险状态动态评价、预警及响应、信息报送等安全风险咨询服务工作，承担合同规定的技术服务责任。项目负责人对本项目安全风险管理工作全面负责，集团公司负有领导监管责任。

4 安全风险管理内容

4.0.1 工程建设安全风险管理应贯穿规划、可行性研究、勘察设计、施工及工后的工程建设全过程，各阶段应开展相应的安全风险管理工作。

4.0.2 工程建设各阶段安全风险管理内容包括但不限于以下方面（各阶段的安全风险管理内容要点参见附件2）：

（1）规划及可研阶段 规划方案风险评估、重大风险因素识别与分析，可研勘察与环境调查，可行性方案风险评估与方案比选，重大关键节点工程专项风险评估等；

（2）勘察设计阶段 总体设计阶段：重大风险因素识别、总体设计或方案设计风险分析与评价、重大技术方案风险专项评估或专题研究；初步设计阶段：初步勘察与环境调查，专项勘察与重大环境风险现状检测评估（工程需要时）、风险全面识别、分级与安全风险评估（针对一条线)、风险设计(含重大风险专项初步设计);施工图设计阶段:详细勘察与环境细查、风险分级核查与分析(针对各标段工点)、风险详细设计(含重大风险专项设计)、勘察设计文件交底与风险说明等;

(3) 施工阶段　施工准备期:施工勘察与环境核查、风险深入识别、分级核查与分析(各分部分项工程)、安全风险管控方案编制与审查、施工风险监控准备(监测点布设、视频监控、信息系统等)、施工风险预告与交底、应急预案;施工期:工程监测、现场巡视、视频监控等、重要部位和关键节点开工前条件验收、风险控制与安全风险状态动态评价、预警、预警响应、处置与消警、信息报送与风险台账管理、突发风险事件(事故)应急响应等;

(4) 工后阶段　工后检测评估与恢复处理(工程需要时)。

5　安全风险管理文件

5.0.1　各参建单位应根据工程建设各阶段安全风险管理内容,结合建设管理模式、组织机构等,遵循分层级管理、重点把控的原则,制定工程建设各阶段的安全风险管理文件。

5.0.2　建设单位应针对安全风险管理的内容,组织制定安全风险管理相关管理办法或程序文件,包括但不限于以下方面:

(1) 风险评估及分级管理程序;

(2) 周边环境保护管理办法(主要含环境调查、现状检测、专项评估、专项设计、专项方案、应急等);

(3) 重大风险技术方案审查管理办法(高风险及危大工程的设计、施工、监测等);

(4) 工程监测管理办法(包括施工监测、第三方监测等);

(5) 现场巡视与视频监控管理办法;

(6) 工程重要部位和施工关键环节条件验收办法;

(7) 施工风险监控信息报送程序;

(8) 施工安全风险动态评价管理办法;

(9) 施工预警、响应及消警程序;

(10) 突发风险事件(事故)应急管理办法;

(11) 安全风险管理考核办法等。

5.0.3　其他参建单位应根据建设单位制定的安全风险管理文件,结合自身安全风险管理内容、职责及实际工作需要,细化制定安全风险管理制度办法。

6　技术标准

6.0.1　安全风险管理工作应重点建立安全风险分级、工程监测控制指标和工程安全状态评价与预警等安全风险管理技术标准。

6.0.2　安全风险等级的划分标准和具体分级应符合下列规定:

(1) 安全风险等级划分标准应根据工程特点、工程地质及水文地质条件、周边环境条件及可能造成的影响(危害)等,结合建设规模、技术经济和社会发展水平、建设管理经验等确定。

(2) 工程安全风险分级应针对工程自身风险和周边环境风险分别确定,依据现行行业标准规范并结合本地实际或参照有关轨道交通建设安全风险管理经验丰富的城市制定。

(3) 工程安全风险分级应在风险辨识和分析评价及上一阶段分级的基础上,结合工程地质及水文地质条件、周边环境条件及其变化、设计方案或工程措施调整等,对风险等级进行动态调整。

6.0.3　设计单位应在设计文件中明确监测项目控制值,并符合下列规定:

(1) 监测项目控制值应根据现行规范,结合不同施工方法特点、周围岩土体特征、周边环境保护要求并结合当地工程经验进行确定,并确保合理、可行;

（2）围（支）护结构监测项目控制值应根据工程监测等级、支护结构特点及设计计算结果等进行确定，周边环境监测项目控制值应根据环境对象的类型与特点、结构形式、变形特征、已有变形、正常使用条件等，结合环境对象的重要性、易损性及相关单位的要求等进行确定，重要的、特殊或风险等级较高的环境对象的监测项目控制值，应在现状调查与检测的基础上，通过专项评估或专家论证进行确定；周围地表沉降等岩土体变形控制值应根据岩土体的特性，结合支护结构工程自身风险和周边环境安全风险等级等进行确定；

（3）监测等级高、工况条件复杂的工程，宜针对不同的工况条件确定分阶段监测项目控制值。

6.0.4　施工安全风险状态评价和控制应在划分预警标准的基础上进行，并符合下列规定：

（1）预警标准应根据施工风险发生可能性、风险损失和可接受水平进行划分；

（2）预警宜分为监测预警、巡视预警和综合预警三类，并可根据其严重程度由小到大分为黄色、橙色和红色三级预警；

（3）监测预警是针对工程监测数据，对比实际监测值与监测项目控制值的接近与超出程度，判定监测对象（工程自身或周边环境）的预警；

（4）巡视预警是通过现场巡视，判定工程自身或周边环境存在不安全状态的预警；

（5）综合预警是通过综合分监测预警和巡视预警的级别、数量及分布范围等情况，判定工程总体不安全状态的预警。

7　体系运行保障

7.0.1　建设单位在编制工程概算时，应将安全风险管理费、第三方监测费、工程周边环境调查费、现状检测评估费、专项保护措施费等纳入概算。

7.0.2　建设单位在招投标文件和与勘察、设计、施工、监理等单位签订的合同文件中，应明确相关主体安全风险管理工作的相关内容和责任义务条款，确保各参建单位的安全风险管理工作有据可依。

7.0.3　工程建设阶段安全风险管理工作宜采用成熟先进的信息系统、视频监控系统，委托第三方服务机构开展安全风险管理技术咨询工作，作为现场安全风险管控的技术手段、方法，实现安全风险管理工作的信息化、程序性、实时性和可追溯性。

7.0.4　工程建设项目所在地规划建设主管部门或建设单位应组织建立安全风险管理专家库和相关专家论证办法，邀请专家参与安全风险重大技术方案审查论证，对安全风险管理提供技术决策支持。

7.0.5　各参建单位应明确安全风险管理体系运行的归口管理部门，通过监督、检查和考核等手段，适时评价体系运行的适宜性、充分性和有效性，采取预防或纠正措施，不断优化完善体系，以满足安全风险管理的实际需要。

8　培训、监督检查与考核

8.0.1　工程建设安全风险管理应针对安全风险管理的内容、要素、责任主体等（参见附件3）建立健全相应的培训、检查和考核等制度。

8.0.2　建设单位的安全风险监督管理部门负责组织对安全风险管理实施部门及其关键岗位人员和其他参建单位及其进行安全风险管理体系的培训宣贯。其他参建单位也应对项目部安全风险管理部门及其关键人员进行安全风险管理体系进行培训。

8.0.3　各参建单位的安全风险监督管理部门应定期对安全风险管理实施部门的安全风险管理工作进行定期或专项监督检查。

8.0.4　建设单位应制定安全风险管理考核办法，将安全风险管理工作作为对单位各相关部门绩效考核的重要内容之一。同时根据法律法规和合同对其他参建单位的安全风险管理体系运行情况进行履约考评。安全风险监管部门、项目负责人等负责组织考核工作。

9 持续改进

9.0.1 安全风险管理体系应持续改进，并主要依据项目管理模式、工程规模、新出台政策文件和标准规范、体系运行的经验及问题等进行。

9.0.2 建设单位的安全风险监督管理部门应定期对体系进行监督审核，原则上不少于每年1次。

9.0.3 鼓励有关单位聘请有经验和资质的第三方单位开展安全风险管理体系的建立、培训、监督审核等服务。

附件1（1）：城市轨道交通工程建设单位安全风险管理组织机构示例

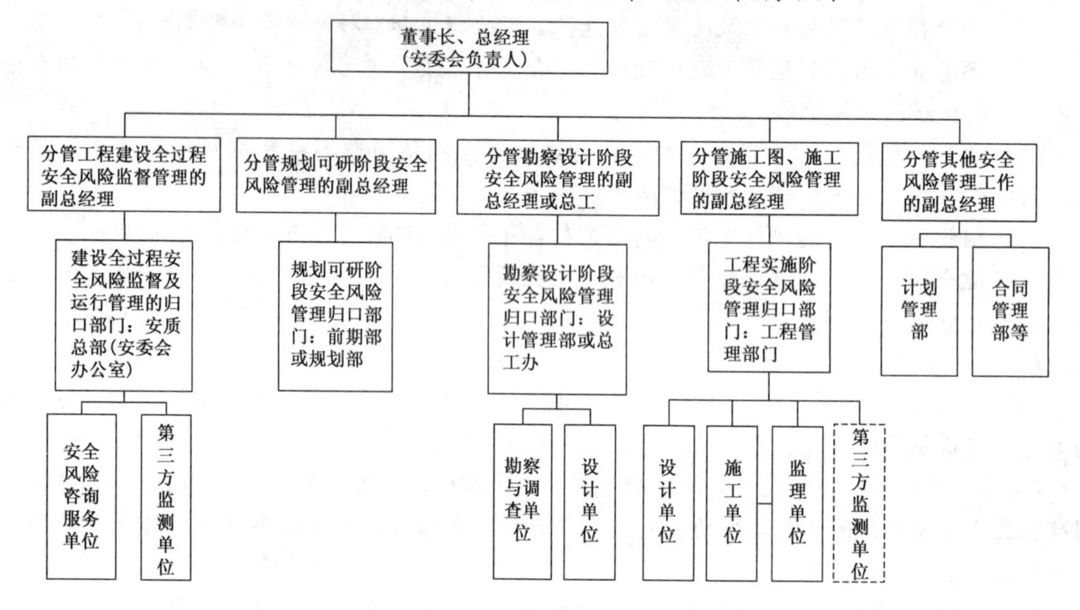

附件1（2）：城市轨道交通工程施工单位项目部安全风险管理组织机构示例

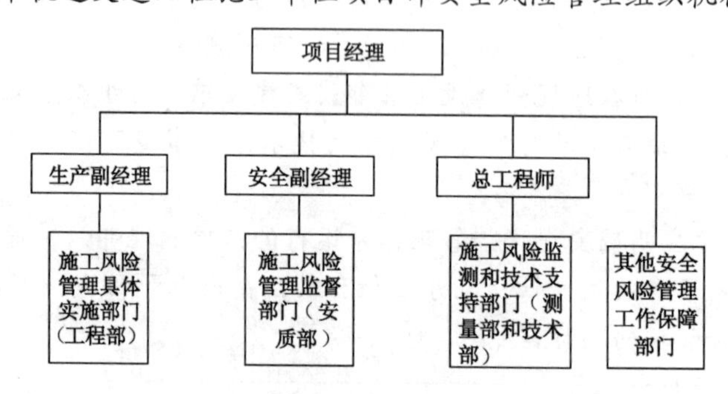

附件1（3）：城市轨道交通工程项目监理机构安全风险管理组织机构示例

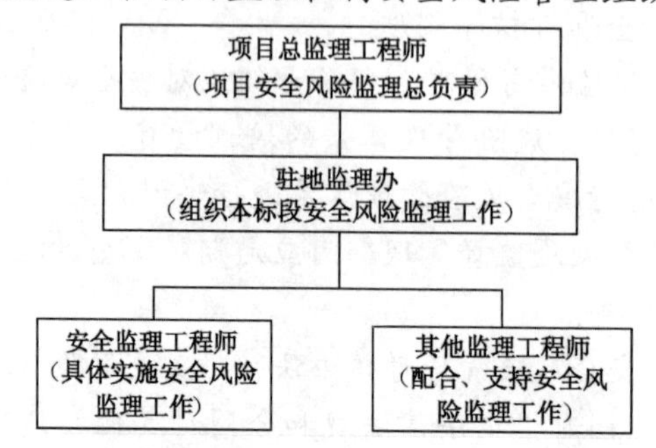

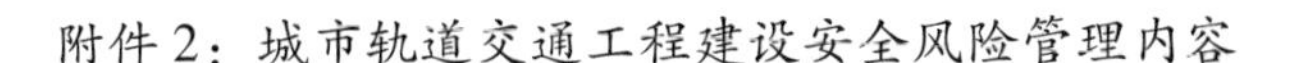

附件2：城市轨道交通工程建设安全风险管理内容

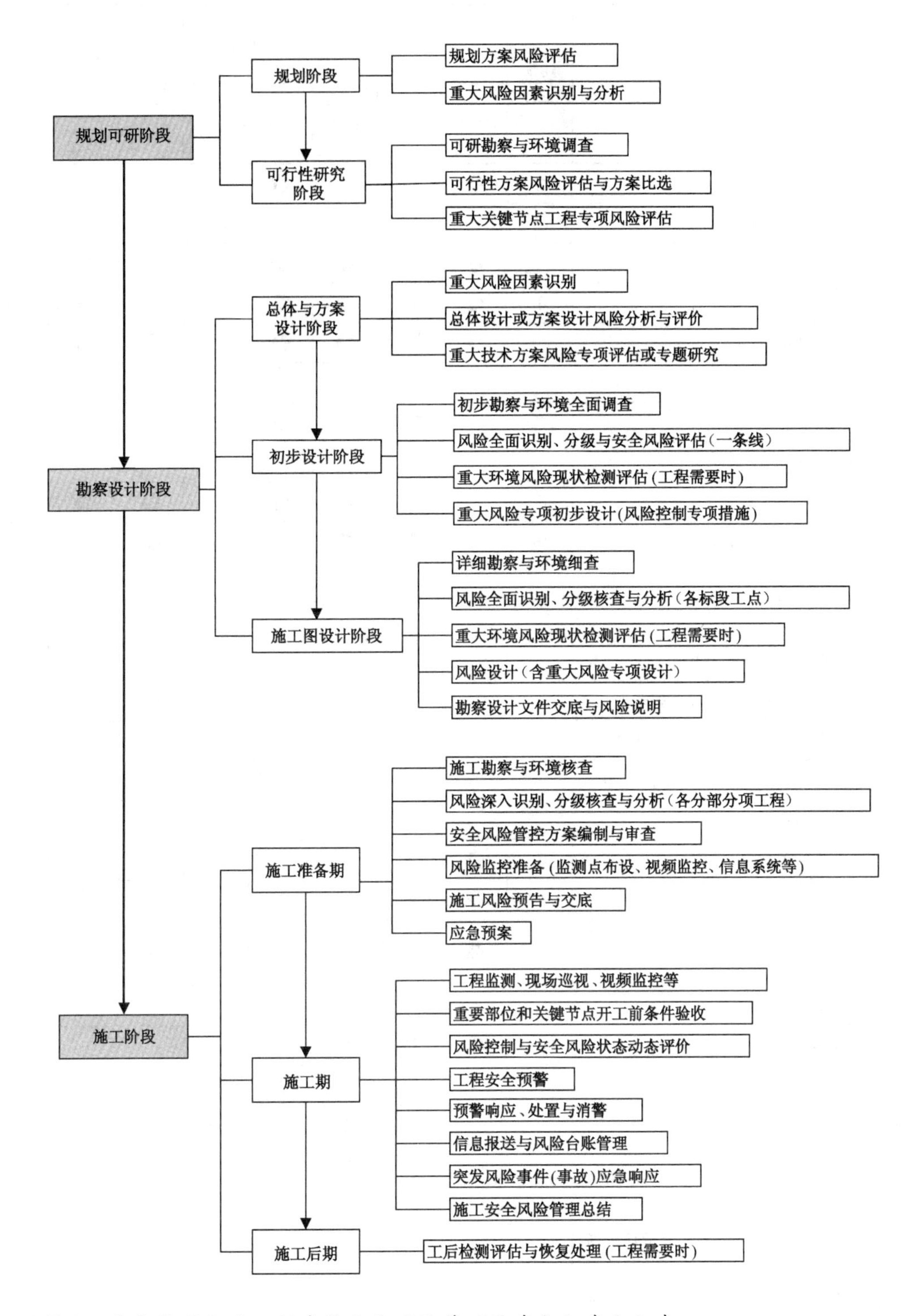

附件3：城市轨道交通工程建设安全风险管理要素与职责分配表

⊙主要管理；✪主要实施；★协助实施；☆参与；○监督管理

序号	风险管理要素或关键环节	建设单位	其他参建单位或责任主体单位					第三方监测	安全风险咨询服务单位	周边环境产权或管理单位
			勘察	设计	施工	监理	其他			
1	方针目标	⊙	✪	✪	✪	✪	☆	★	★	★
2	组织机构与职责分工									
2.1	组织机构	⊙	✪	✪	✪	✪	☆	✪	✪	☆
2.2	职责权限	⊙	✪	✪	✪	✪	☆	★	★	★
2.3	人员配置	⊙	✪	✪	✪	✪	☆	✪	✪	☆
3	法规、标准									
3.1	法律法规	⊙	⊙	⊙	⊙	⊙	⊙	⊙	⊙	⊙
3.2	标准规范	○	⊙	⊙	⊙	⊙	⊙	⊙	★	★
3.3	内部管理规定	⊙	✪	✪	✪	✪	☆	✪	✪	☆
3.4	内部技术标准体系	⊙	✪	✪	✪	✪	☆	✪	✪	☆
4	规划与可行性研究阶段安全风险管理									
4.1	规划设计									
4.1.1	重大安全风险因素识别	☆	—	—	—	—	—	—	—	☆
4.1.2	方案安全风险分析与方案比选	☆	—	—	—	—	—	—	—	☆
4.1.3	重大风险专项评估或专题研究	☆	—	—	—	—	—	—	—	☆
5	工程勘察设计阶段安全风险管理									
5.1	工程勘察									
5.1.1	大纲及成果	⊙	✪	★	—	—	—	—	—	—
5.1.2	方案变更和地质异常的补充勘察	⊙	✪	★	☆	☆	—	—	☆	—
5.1.3	勘察成果与地质风险交底说明及施工配合	⊙	✪	★	☆	☆	—	—	☆	—
5.2	环境调查									
5.2.1	勘察设计阶段全面调查	⊙	✪	✪	✪	☆	☆	—	—	★
5.2.2	高环境风险对象现状检测	⊙	★	★	★	★	✪	—	—	★
5.2.3	环境核查（主要针对施工）	⊙	★	★	✪	○	☆	—	☆	★
5.3	工程设计									
5.3.1	总体或方案设计									
5.3.1.1	重大安全风险识别、分析评价与分级	⊙	★	✪	—	—	—	—	—	☆
5.3.1.2	重大技术方案风险专项评估或专题研究	⊙	★	✪	—	—	—	—	—	☆
5.3.2	初步设计									
5.3.2.1	风险全面识别、分析与分级	⊙	★	✪	—	—	—	—	—	☆
5.3.2.2	风险工程设计（高等级环境风险需做专项设计）	○	☆	✪	—	—	—	—	—	☆

续表

序号	风险管理要素或关键环节	建设单位	其他参建单位或责任主体单位					第三方监测	安全风险咨询服务单位	周边环境产权或管理单位
			勘察	设计	施工	监理	其他			
5.3.2.3	地下水控制方案专项设计（必要时）	⊙	☆	✪	—	—	—	—	—	☆
5.3.2.4	风险识别与重大技术方案	⊙	☆	✪	—	—	—	—	—	☆
5.3.3	施工图设计									
5.3.3.1	风险全面识别、分析与分级核查	⊙	☆	✪	—	—	—	—	—	☆
5.3.3.2	高等级环境风险工程专项安全评估	⊙	☆	✪	—	—	—	—	—	☆
5.3.3.3	风险工程设计（含高等级环境风险专项设计）	○	☆	✪	—	—	—	—	—	☆
5.3.3.4	施工图预审及强审	⊙	☆	★	—	—	✪	☆	☆	☆
5.3.3.5	设计文件与风险交底说明及施工配合	⊙	☆	✪	★	★	—	☆	☆	—
6	施工阶段安全风险管理									
6.1	施工准备期									
6.1.1	风险深入识别、分级调整与分析评价	⊙	—	☆	✪	○	☆	—	★	☆
6.1.2	安全风险管控相关方案编制									
6.1.2.1	安全专项施工方案	⊙	—	★	✪	○	—	☆	☆	☆
6.1.2.2	工程监测方案（含施工监测与第三方监测）	⊙	—	★	✪	○	—	✪	☆	☆
6.1.2.3	监理细则（含风险管理相关内容）	⊙	—	☆	—	✪	—	—	☆	—
6.1.2.4	现场巡视与风险管理方案	⊙	—	☆	✪	✪	—	★	✪	—
6.1.3	视频监控系统安装与信息系统建立	⊙	—	☆	✪	★	—	★	✪	—
6.1.4	工程监测点布设与验收	⊙	—	☆	✪	○	—	✪	○	—
6.1.5	施工风险预告与作业交底	⊙	—	—	✪	○	—	✪	○	—
6.1.6	应急预案制定	⊙	—	—	✪	○	—	★	★	—
6.2	施工期									
6.2.1	工程监测（含施工监测与第三方监测）	⊙	—	—	✪	○	—	✪	★	☆
6.2.2	现场巡视（含视频监控、盾构实时控制、专家巡视等）	⊙	—	—	✪	○	—	✪	✪	☆
6.2.3	施工风险控制	⊙	—	—	✪	○	—	☆	☆	—
6.2.4	施工安全状态评价与预警	⊙	—	—	✪	✪	—	★	✪	—
6.2.5	预警的响应与处置	⊙	☆	☆	✪	✪	—	✪	✪	☆
6.2.6	信息报送与反馈	⊙	—	☆	✪	✪	—	✪	✪	☆

续表

序号	风险管理要素或关键环节	建设单位	其他参建单位或责任主体单位					第三方监测	安全风险咨询服务单位	周边环境产权或管理单位
			勘察	设计	施工	监理	其他			
6.2.7	安全风险台账管理（数据、记录等）	⊙	—	—	✪	✪	—	✪	✪	—
6.2.8	应急管理	⊙	☆	☆	✪	✪	—	★	★	☆
6.3	工后									
6.3.1	工后检测评估与处理（工程需要时）	⊙	—	☆	✪	✪	—	★	★	☆
7	培训、检查与考核									
7.1	培训	⊙	✪	✪	✪	✪	☆	✪	★	☆
7.2	检查与考核	⊙	✪	✪	✪	✪	☆	✪	★	—
8	体系审核与改进									
8.1	内部审核	⊙	✪	✪	✪	✪	☆	✪	★	—
8.2	外部审核	⊙	✪	✪	✪	✪	☆	✪	★	—
8.3	持续改进	⊙	✪	✪	✪	✪	☆	✪	★	—

注：安全风险咨询服务单位主要包括：设计阶段风险评估单位、现场安全风险管理服务单位、信息系统研发与技术服务单位等。

参 考 文 献

［1］关于加强重大工程安全质量保障措施的通知（发改投资［2009］3183 号）［R］.

［2］北京市建设工程质量安全监督总站．城市轨道交通工程安全质量管理暂行办法　执行评估及安全风险管理体系分析研究［R］. 2014.

［3］中华人民共和国国家标准．城市轨道交通地下工程建设风险管理规范 GB 50652—2011［S］．北京：中国建筑工业出版社，2012.

［4］中华人民共和国国家标准．城市轨道交通建设项目管理规范 GB 50722—2011［S］．北京：中国建筑工业出版社，2012.

［5］中华人民共和国国家标准．地铁工程施工安全评价标准 GB 50715—2011［S］．北京：中国计划出版社，2012.

［6］中华人民共和国国家标准．地铁设计规范 GB 50157—2013［S］．北京：中国建筑工业出版社，2014.

［7］中华人民共和国国家标准．城市轨道交通工程监测技术规范 GB 50911—2013［S］．北京：中国建筑工业出版社，2014.

［8］中华人民共和国国家标准．风险管理术语 GB/T 23694—2013［S］．北京：中国标准出版社，2014.

［9］中华人民共和国国家标准．风险管理原则与实施指南 GB/T 24353—2009［S］．北京：中国标准出版社，2009.

［10］中华人民共和国国家标准．标准化工作指南　第 4 部分：标准中涉及安全的内容 GB/T 20000. 4—2003［S］．北京：中国标准出版社，2004.

［11］中华人民共和国国家标准. ISO 9001:2008 质量管理体系—要求 GB/T 19001—2008［S］．北京：中国标准出版社，2009.